Una guía de la PASIÓN

100 Preguntas para reflexionar sobre la película

LA PASIÓN DE CRISTO

TERCERA EDICIÓN

PALABRA

1ª edición, marzo 2004
2ª edición, abril 2004
3ª edición, abril 2004

Título orginal: *A guide to The Passion.*
100 Question about The Passion of The Christ
Catholic Exchange
Ascension Press
Post Office Box 1990
West Chester, PA 19380
www.Ascensionpress.com
info@ascensionPress.com

Colección: Folletos mc
Director de la colección: Jesús Urteaga
Coordinador de la colección: Darío Chimeno

Diseño de la portada: Kinsey Caruth

I.S.B.N.: 84-8239-842-3
Depósito Legal: M. 16.452-2004
Impresión: Gráficas Anzos, S.L.
Printed in Spain - Impreso en España

Nihil obstant: Bernadeane Carr, STL
Censor Librorum
2 de marzo de 2004
Imprimatur: ✠ Robert H. Brom
Obispo de San Diego
2 de marzo de 2004

ÍNDICE

Prólogo

A estas alturas, es muy posible que ya hayan visto la impresionante película *La Pasión de Cristo*. Espero que haya tocado sus corazones tanto como ha tocado el mío, y que haya despertado su interés por aprender más acerca del sufrimiento de Jesús, de su muerte y de su triunfo sobre la muerte, algo que nos resulta muy familiar, pero que con frecuencia no comprendemos bien.

El estreno de esta película llega diez años después de mi reconversión personal a la fe católica en la que fui educado. La experiencia de esta película no solo ha reconfirmado mi fe, sino que también me ha llevado a compartir lo que he llegado a conocer siendo un católico que descubrió los tesoros de nuestra fe por primera vez después de un largo período errando en el desierto. Tengo la esperanza de que quienes lean esto sigan un sendero más directo que el mío hacia la apreciación plena y la práctica fiel de los Evangelios.

Esta película no llega demasiado pronto, dado

el estado de declive de nuestra cultura del entretenimiento y su tendencia a desviarnos de la consideración seria de las grandes preguntas: ¿Quién soy?, ¿Cómo he llegado aquí? y ¿Hacia dónde voy? Uno de nuestros cineastas más respetados nos ha puesto directamente frente a Jesús y nos vemos obligados a hacerle caso y a decidir cuál es nuestra postura acerca de la pregunta de Cristo. La pregunta que Él hizo a Simón Pedro hace 2000 años es la pregunta que todavía nos hace a nosotros: «¿Quién dices que soy yo?».

Al estar involucrado en la distribución y en la publicidad de la película, pronto me di cuenta del fervor con el que muchas comunidades protestantes se preparaban para utilizar la película con fines Evangélicos. Surgieron páginas web que ofrecían materiales de descarga acerca de Jesús y de los evangelios. Las compañías de publicidad comenzaron a producir pósters y folletos para promocionar tanto la película como sus propias comunidades. Se pusieron en circulación folletos que hacían de la defensa de Cristo la clave para la paz y la felicidad en la vida.

En lo que se refiere a lograr la conversión y a motivar a las personas a liberar sus vidas del pecado –que es de lo que trata la meditación acerca de *La Pasión de Cristo*–, nuestros hermanos evangelistas han sido una fuente de inspiración. Pero, ¿su teoría puede albergar de la manera adecuada joyas cinematográficas como las escenas de La Última Cena o los profundos temas marianos que se presentan en la película? Si bien es cierto que los fundadores de algunas de las denominaciones protestantes más destacadas creían en la presencia real de Cristo en la Eucaristía, en grandes porciones del protestantismo norteamericano y de todo el mundo se ha perdido este hecho en la actualidad. Y sin entender que María es nuestro modelo de fe cristiana, uno no puede empezar a comprender el papel tan significante que tiene en la película. Solo el todo de la fe católica puede ayudarnos a comprender estos elementos esenciales que figuran de una manera muy destacada en las Escrituras, en la Tradición apostólica y en la película.

La Pasión de Cristo enlaza de manera conmovedora el sacrificio de la cruz con el sacrificio de la Eucaristía de la Misa. Al hacerlo, representa de manera fiel la enseñanzas bíblicas y católicas. A pesar de ello, las conexiones eucarísticas entre la Pasión y la Misa no están claras hoy día para muchos católicos. De hecho, por mi propia experiencia como católico despistado hace diez años, solo puedo decir que es muy improbable que esas conexiones les resulten obvias a quienes han nacido y han crecido en la Iglesia. No es porque las conexiones no estén ahí, sino porque mucha gente no ha recibido una educación en la fe que les dote para *ver* esas conexiones, que son muy reales y que, de hecho, están trazadas para nosotros en la enseñanza de la Iglesia. Por tanto, en *CatholicExchange.com* vemos la necesidad de que este libro proporcione respuestas a alguna de las muchas preguntas críticas para un pleno entendimiento de la auténtica Cristiandad: preguntas que *La Pasión de Cristo* ciertamente planteará.

Todos tenemos, de alguna manera, conciencia de Dios y de su pequeña e inamovible voz. Dependiendo del modo en que respondemos a esa voz definimos hasta qué punto somos verdaderos cristianos. A menudo será la experiencia de una tragedia, o el estar a punto de tenerla, lo que consigue sacudirnos y despertar una conciencia entusiasta y urgente de Dios, de lo que ha creado y de lo que estamos llamados a ser. Ojalá esta película y el estudio esmerado de su significado y su relevancia ocupen el lugar de esa *desgracia* y nos pongan en una dirección de cambio positivo y de auténtica conversión. Dios quiera que nos haga seguir el sendero hacia el reconocimiento y la dedicación a la misión específica que Dios ha dispuesto para nosotros desde el principio de los tiempos. Y ojalá recibamos la gracia necesaria para llevarla a cabo.

La Pasión de Cristo es un signo de contradicción en nuestro tiempo. Que el verla sea la sorpresa divina que les encamine y ojalá este libro sea la llave que ayude a descubrir su significado más profundo y desencadene el pleno poder de Cristo en su vida.

TOM ALLEN
Editor y Presidente,
CatholicExchange.com
10 de febrero de 2004

Todas las fotografías están tomadas del libro oficial de la película «La Pasión», editado en exclusiva por Ediciones Palabra.

PRIMERA PARTE

100 PREGUNTAS Y RESPUESTAS

1) ¿Cuál es el sentido de la palabra «Pasión» en relación con esta película?

«Pasión» significa «agonía» o «sufrimiento». Generalmente se considera que la «Pasión de Cristo» se inicia tras la cena que Jesús celebró con sus doce apóstoles (Última Cena), continúa con su agonía, con la traición en el Huerto de Getsemaní, el juicio ante Poncio Pilato, la flagelación atado a la columna, el recorrido cargado con la cruz, y termina con su crucifixión y muerte. La película se desarrolla solamente a lo largo de las últimas horas de la vida de Jesús.

2) ¿Dónde tiene lugar la escena inicial de la película?

En el Huerto de Getsemaní, situado fuera de las puertas de la ciudad de Jerusalén, al pie del Monte de los Olivos. En este huerto se encuentran actualmente varios olivos de unos 3000 años... de modo que ya existían en tiempos de Jesús y que pueden ser los árboles bajo los que Él oró. El Huerto de Getsemaní es uno de los lugares más visitados de Tierra Santa.

3) Los cristianos hablan de la «agonía de Jesús en el Huerto». ¿Cuál es el sentido y el significado de esta frase?

Los cristianos consideran la oración de Jesús en el Huerto como uno de los más intensos dolores espirituales, emocionales e incluso físicos. La creencia general es que Jesús, al que los cristianos confiesan como Dios hecho hombre, comprendió el profundo sufrimiento –o agonía– que padecería muy pronto y, como cualquier ser humano, se sintió atormentado por aquella idea. Dijo a los tres discípulos que le acompañaban: «Mi alma está triste hasta la muerte» y rogó al Padre: «Si es posible, pase de mí este cáliz; pero no sea como yo quiero, sino como quieras Tú» (*Mt* 26, 38-39).

4) ¿Qué significan las palabras «Dios encarnado» con respecto a Jesús?

Encarnado significa «hecho carne». Los cristianos creen que, en un momento determinado de la historia, Dios tomó un cuerpo humano (y no solo el cuerpo sino también el alma), una naturaleza humana completa y real, no solo la apariencia, ni el aspecto, ni un «disfraz». Este es el misterio de la Encarnación y el motivo de que los cristianos pongan tanto énfasis en la celebración de la Navidad y, cada vez más, en la de la Anunciación, el momento en que Dios se hizo hombre siendo concebido en el vientre de María (*Lc* 1, 26-38).

5) Antes de seguir adelante, ¿existen pruebas definitivas de la existencia de Jesús y de que los sucesos relatados en la película ocurrieron realmente?

Sí. Existen abundantes pruebas históricas de la existencia de Jesús y de que los sucesos narrados en ella tuvieron lugar realmente. Ningún historiador serio, ni siquiera entre los no creyentes, duda de la existencia de Jesús. Distintas fuentes seculares afirman la existencia de Jesús y corroboran muchos de los sucesos descritos en la Biblia*. La primera fuente de prueba es la Biblia misma, el libro más grande y más detalladamente estudiado de toda la historia de la Humanidad.

* Para más información sobre este tema, ver la Segunda parte.

6) ¿Cómo es posible que el Nuevo Testamento hable de un modo históricamente exacto sobre la Pasión? ¿No fue escrito mucho después de aquellos acontecimientos?

Los primeros libros del Nuevo Testamento (la parte de la Biblia que trata de la vida de Jesús y de los comienzos de la Iglesia) fueron escritos probablemente menos de veinte años después de la muerte y Resurrección de Jesús: son las Cartas de san Pablo, dirigidas a las Iglesias que ya conocían lo fundamental de su Pasión y Resurrección. La información que suministran esas cartas refleja que Pablo y su audiencia compartían el conocimiento de los mismos hechos que encontramos en los Evangelios (que aún no habían sido escritos).

Pablo sabe que Jesús es un judío de la estirpe de David (*Rm* 1, 3); que Juan el Bautista fue su precursor y desmintió cualquier reivindicación de su propio mesianismo (*Hch* 13, 24-25); que los principales discípulos de Jesús fueron Pedro, Santiago y Juan (*Ga* 2, 9); que vaticinó su regreso «como un ladrón» (*1 Ts* 5, 4); que instituyó la Eucaristía (*1 Co* 11, 23-25); que fue rechazado por los líderes judíos (*1 Ts* 2, 15), juzgado bajo el poder de Poncio Pilato (*1 Tm* 6, 13) y crucificado por nosotros (*Ga* 3, 1), que fue sepultado en una tumba (*Hch* 13, 29); que resucitó de la muerte y fue visto por muchos testigos (*1 Co* 15, 3-8); y que subió a los cielos (*Ef* 4, 9-

10). ¿Cómo sabía Pablo todas estas cosas? Lo mismo que nosotros conocemos la presidencia de Ronald Reagan o a John Lennon: porque 20 años no es tanto y aún vivían muchos testigos a los que Pablo conoció personalmente.

De hecho, al escribir a la Iglesia de Corinto, san Pablo indica claramente que había unos 500 testigos de la Ascensión de Cristo y que la inmensa mayoría de ellos seguían vivos cuando él escribía (a finales de los 50). Y, además, el mismo san Pablo había visto al Cristo resucitado.

Los Evangelios fueron escritos un poco después de las cartas de san Pablo, entre los 60 y los 70. Tres de ellos proceden de los testigos de los sucesos (Mateo, Marcos y Juan). El cuarto fue escrito por Lucas, estrecho colaborador de san Pablo quien dispuso de múltiples oportunidades para oír el testimonio de personas que estuvieron presentes en los acontecimientos narrados en su evangelio. ¿Acaso resultaría difícil creer que, basándose en las múltiples fuentes escritas y en las entrevistas con los testigos, alguien pudiera exponer un balance exacto de la administración del Presidente Kennedy, aun cuando no estuviera presente en los hechos?

En resumen, los Evangelios son unos relatos extraordinariamente fidedignos de los sucesos del ministerio de Cristo, escritos muy cerca de los acontecimientos reales. Además, coinciden unos con otros en un amplio margen, al tiempo que conservan la clase de diferencias en el énfasis que cabe esperar del testimonio de unos testigos oculares.

7) Entonces, ¿Jesús ya sabía en el Huerto que iba a morir?

Sí; puesto que Jesús es el Dios omnisciente, sabía que iba a morir. Pero como era perfecto hombre, sufrió una terrible angustia previa a la tortura y la muerte que iba a padecer. Tú y yo, como seres humanos, poseemos una naturaleza humana, pero Jesús, Dios hecho hombre, posee dos naturalezas: humana y divina. Así, por su naturaleza divina sabía cosas que solo Dios podía conocer; por su naturaleza humana era igual a nosotros excepto en el pecado: Él tuvo hambre, tuvo sed y padeció el dolor.

8) Un inciso: ¿por qué escribe con mayúsculas la palabra «Él» cuando habla de Jesús?

Para demostrar respeto por Jesús como Persona divina… como Dios Creador del universo.

9) ¿Jesús sudó realmente sangre durante su agonía?

Según Lucas, parece que eso fue lo que sucedió: «Entrando en agonía oraba con más intensidad. Y su sudor se hizo como gotas de sangre que caían en tierra» (*Lc* 22, 43-44). Semejante fenómeno (denominado *hematidrosis*) es conocido por la ciencia médica y han sido detectados casos semejantes en momentos de un extremado estrés mental, emocional o físico. A pesar de su angustia por saber lo que iba a ocurrir, Jesús pidió que se hiciera la voluntad de su Padre. Pero era un auténtico ser humano. Por lo tanto, Él experimentó un profundo dolor por todos los pecados –pasados, presentes y futuros– del mundo entero, y el peso de aquellas transgresiones fue tan intenso que muy bien pudo sudar sangre.

10) En la escena del Huerto de Getsemaní, poco antes de la llegada de los soldados para arrestar a Jesús, oímos sus palabras: «Padre, si quieres aparta de mí este cáliz». ¿Qué significa eso?

En su humanidad, Jesús preguntaba a Dios Padre si podía apartar la cruz que iba a abrazar muy pronto. El «cáliz» era el cáliz del amargo padecimiento y de la muerte. De hecho, cuando posteriormente hubo quienes arguyeran que Jesús no era perfecto hombre, este texto se presentó como la prueba de que tenía una voluntad humana: los seres humanos desean naturalmente evitar el dolor y la muerte. No obstante, como Dios, Jesús sabía que no podía volver atrás; no había otro camino para reconciliar con Dios a la humanidad caída. Él tenía que asumir una deuda que la humanidad nunca podría pagar. Y en un acto de supremo amor, quiso perder la vida por sus amigos... por nosotros. La Biblia nos dice que Jesús aceptó ese plan de redención («no se haga mi voluntad, sino la tuya») y que Dios Padre envió a sus ángeles para que le consolaran en su agonía.

11) ¿Por qué Dios Padre pidió a Jesús que aceptara tan terrible sufrimiento físico y emocional?

Dios no es un padre duro y despótico que exige el sacrificio de su Hijo. A lo largo de siglos de orgullo, desobediencia y egoísmo, los seres humanos habían creado libremente un muro entre ellos y Dios. Jesús vino *libremente* al mundo para llevar a cabo un acto de profunda humildad, obediencia y amor, que destruiría el muro (*Jn* 10, 18). Las fuerzas del pecado humano y la furia demoníaca se unieron para infligir a Jesús tales castigos y torturas que le obligaran a volverse atrás de su misión. Sin embargo, al hacerlo, demostraron involuntariamente la perfección de su amor y le proporcionaron la Cruz, el auténtico instrumento de salvación.

12) En la película aparecen otros tres hombres en el Huerto. ¿Quiénes son?

Son Pedro, Santiago y Juan, probablemente

los apóstoles más importantes según el número de ocasiones en que aparecen en la Biblia y el número de experiencias clave que compartieron con Jesús.

Pedro tenía el oficio de pescador. Originalmente conocido por Simón, Jesús le otorgó el nuevo nombre de «Roca» (*Kephas* en arameo, *Petros* en griego). Por iniciativa de su hermano Andrés, y ante la llamada de Jesús, se convirtió en un seguidor de Cristo. En Mateo 16, 18, Jesús afirma que edificará su iglesia sobre Pedro, la «roca», otorgándole una gran autoridad. Los católicos ven en esta actuación de Jesús el nombramiento de Pedro como cabeza de los apóstoles, como cabeza de la Iglesia: el primer Papa.

13) Hay en el Huerto una quinta figura que yo he supuesto que representa al diablo. ¿Por qué está presente el diablo en el Huerto?

A lo largo de su vida pública, Jesús fue tentado por el diablo, razón por la que frecuentemente se apartaba de los suyos para orar y ayunar. Este aislamiento podría ser, en cierto sentido, como un retiro espiritual: un tiempo de renovación y de oración, un tiempo para adquirir fuerza interior por medio de la comunión con el Padre. Aunque era Dios, Jesús poseía también una verdadera naturaleza humana. Es lógico admitir que Jesús, en su humanidad, necesitaba fortalecer su espíritu contra las tentaciones exteriores del demonio, que tienen que haber sido enormemente difíciles de resistir.

14) Durante la escena del Huerto el diablo pregunta a Jesús: «¿Crees realmente que un hombre puede soportar toda la carga del pecado?». ¿Ocurrió así en la realidad?

Esta pregunta del demonio no figura en la Biblia, de modo que tenemos un ejemplo de alguna de las imaginativas licencias que se ha tomado el director de la película. Sin embargo, basándonos en otros ejemplos de la Sagrada Escritura en los que Jesús es tentado por el demonio, es completamente posible que tal conversación haya tenido lugar. El demonio gusta de esas «oportunidades de oro» para socavar nuestros propósitos cuando experimentamos un intenso sufrimiento.

15) En el inicio de la película aparece el diálogo entre Jesús y el diablo. ¿Se ha de deducir de ello que esta cuestión es fundamental para toda la trama?

Sí; esta conversación indica la premisa fundamental de la película... el auténtico sentido de los padecimientos de Cristo y de su muerte que, como Dios, tenía poder para evitar. Jesús quiso ofrecerse en sacrificio como el Cordero sin mancha (es decir, sin pecado) para expiar los pecados de la humanidad.

16) Pero, ¿por qué tuvo que morir Jesús?

Como hemos indicado, la muerte es la consecuencia de nuestros pecados, pues al pecar volvemos la espalda a Dios, Origen de nuestra vida. Jesús cargó en nuestro lugar con la consecuencia de nuestros pecados, la muerte.

Por horrible que fuera la muerte de Jesús, hemos de valorar una verdad fundamental en la existencia humana: el amor implica sacrificio. El amor implica la completa donación de uno mismo. El amor puede significar incluso «dar la vida por los amigos» (*Jn* 5, 13). Así pues, el sacrificio y el sufrimiento tienen un sentido trascendente. Si lo soportamos por el bien de los demás, es realmente santificante y salvífico. Esto puede parecer ridículo a un mundo que intenta evitar cualquier contrariedad. Por el contrario, es uno de los innumerables ejemplos de cómo el camino de la verdad discurre en contra de las experiencias humanas. Por cierto, este ha sido siempre el caso. Las primeras personas que oyeron estas palabras de Jesús se sintieron tan sorprendidas como nosotros lo estamos hoy ante la peculiaridad del hecho. Hace 2000 años san Pablo escribía: «Pues la predicación de la cruz es una necedad para los que se pierden, mas para los que se salvan –para nosotros– es poder de Dios» (*1 Co* 1, 18).

17) ¿No podría Dios haberse decidido simplemente por declarar restaurada la relación de la humanidad con Dios? ¿Por qué eligió un medio tan extremado y sangriento para reconciliar al mundo con Él?

En el sufrimiento llegamos a comprender mejor el insondable amor de Dios. La idea de que Dios nos revela su amor a través de la Pasión y Muerte de Cristo está claramente explicitada en la Biblia cuando Jesús (después de su Resurrección) manifiesta a sus discípulos: «¿No era preciso que el Cristo padeciera estas cosas y entrara así en su gloria?» (*Lc* 24, 26). ¿Por qué fue necesario el sufrimiento? Para restituirnos lo que los primeros seres humanos (Adán y Eva) habían perdido por culpa de su desobediencia. En su desobediencia pecaron contra la ley de Dios y empezaron a amarse a sí mismos y a otras cosas más de lo que amaban a Dios... que debía ocupar el primer lugar en el corazón de cada persona. Perdieron la vida de Dios en sus almas y, cuando lo hicieron, la perdieron también para nosotros.

El amor implica la entrega, el sacrificio personal por el bien de otro. Sin embargo, después de la caída los deseos de los humanos pasaron a ser egoístas y desordenados. La redención de Cristo –al tomar sobre sí la carga del pecado– no solo restauró nuestra amistad con Dios, sino que también nos enseñó el auténtico sentido del amor: el sacrificio. En resumen: hablar es fácil, pero solo a través del sacrificio demostramos nuestro amor. Entender el sufrimiento por amor es entender a Dios. Y entender a Dios es entender la vida.

18) Ahora empiezo a captar las cosas. ¿Tienen algo que ver los acontecimientos de la Pasión de Cristo con la Pascua judía?

Sí; y esto explica muchas cosas. Aquellos que conocen la Biblia (o han visto la épica película *Los Diez Mandamientos*) recordarán que Dios llamó a Moisés para que sacara a su pueblo de la esclavitud en Egipto (ver *Ex* 3, 4-10). Este suceso, que tuvo lugar alrededor de 1.200 años antes del nacimiento de Jesús, es la clave para comprender la Pasión de Cristo, porque la Pasión es el cumplimiento de la Pascua judía.

Como nos dice la Sagrada Escritura, la noche en que los hebreos quedaron libres de la esclavitud de Egipto, Dios envió al ángel de la muerte para quitar la vida a los primogénitos de cada vivienda. Sin embargo, el Señor prometió que la muerte «pasaría de largo» si su pueblo elegido rociaba con sangre sus puertas; la sangre los salvaría (ver *Ex*, cap. 11 y 12). Después de más de mil años durante los cuales los judíos conmemoraron el acontecimiento salvador de la Pascua judía, Jesús vino a ofrecer la Pascua definitiva revelando su completo significado: al verter su sangre –la sangre del Cordero de Dios sin pecado, sin mancha–, el pecado y la muerte quedaron definitivamente vencidos; ya no tienen poder alguno sobre nosotros.

En el *Éxodo*, el acontecimiento de la Pascua judía es una profecía –una prefiguración– de la muerte de Cristo en la cruz. Sus seguidores rociarían la cruz –las jambas de las puertas– con la sangre de Jesús, el Cordero perfecto. Todos los que aceptan a Cristo y guardan sus mandamientos serán salvados por su sangre; la muerte «pasará de largo» ante ellos porque tienen la vida eterna. Exactamente por esto, Jesús comenzó su propia Pasión celebrando la Pascua judía con sus discípulos, y transformando en Eucaristía el alimento en el que ahora recibimos su cuerpo bajo la apariencia de pan, y el cáliz de su sangre bajo la apariencia de vino, salvándonos así de la muerte eterna.

19) ¿Será esta la razón por la que hay tanta sangre en esta película?

Sí. La sangre es la clave para comprender el sacrificio del Cordero... Jesús, el que quitó el pecado del mundo. Igual que los soldados mueren vertiendo su sangre por la patria o las madres en el parto, el amor sacrificial suele implicar derramamiento de sangre. No fue una coincidencia que la Pasión de Cristo tuviera lugar precisamente al mismo tiempo que la Pascua judía. Es uno de los muchos cumplimientos de las profecías del Antiguo Testamento, y es fundamental para comprender las actuaciones de Dios a través de la Historia con objeto de salvar a la raza humana.

20) Retrocedamos al diálogo entre Jesús y el demonio en el Huerto. El demonio afirma que el precio por salvar las almas del pueblo era demasiado costoso. ¿Qué significan esas palabras?

Es meramente una fútil tentativa del demonio de disuadir a Jesús de aceptar la cruz y llevar a cabo su misión. Dice a Jesús que la cantidad de sufrimiento que ha de padecer supone un precio demasiado alto. A pesar de lo limitado de su conocimiento de los caminos de Dios, el demonio parece saber que la muerte de Jesús obtendría la vida eterna para aquellos que aceptaran su gracia, y que el pecado y la muerte quedarían definitivamente vencidos. El demonio odia a Dios y a toda su creación y manifiesta una enemistad especial por los seres humanos (ver *Gn* 3, 15 donde Dios dice a la serpiente: «Pondré enemistad entre ti y la mujer, y entre tu linaje y el suyo»).

Por tanto, hace todo lo que puede por disuadir a Jesús e impedir que cumpla su misión salvadora.

21) El demonio suelta a una serpiente en el Huerto y Jesús la aplasta con el pie. ¿Cuál es el simbolismo de este hecho?

La Biblia no menciona este suceso, luego representa otro ejemplo de las licencias artísticas que se toma el director para lograr un mayor efecto dramático. Sin embargo, el *simbolismo* de la acción de Jesús tiene su raíz en la Sagrada Escritura. En el libro del *Génesis,* Dios revela que «el linaje de la mujer» (que representa a la humanidad y definitivamente a Jesús, que es el «Hijo del Hombre» y el representante de toda la humanidad) aplastará la cabeza de la serpiente (*Gn* 3, 15). Jesús es el «nuevo Adán» (ver *1 Co* 15, 22) que restablece lo que Adán había perdido por el pecado. De este modo, el gesto de Jesús aplastando en esta escena a la serpiente se emplea como una profecía de la victoria de Cristo sobre el demonio, sobre el pecado y la muerte por medio de sus padecimientos, su muerte y su Resurrección.

22) ¿El personaje del demonio en la película trata de representar un ser espiritual real o es meramente el símbolo del «mal» en el mundo?

Lejos de ser una personificación abstracta del «mal», el demonio es un ser espiritual real... un ángel caído (o demonio). Aunque esta idea suena como pasada de moda a nuestros oídos modernos, la Iglesia católica enseña constantemente que el demonio es un ser real con un intelecto y una voluntad formidables. Por ser espíritu puro, no está sometido a las leyes del mundo físico; su natural capacidad intelectual supera con mucho a la de los seres humanos. Tanto la Biblia como la Tradición de la Iglesia enseñan que el diablo (también llamado Satanás –«adversario»– o Lucifer –«portador de luz»–) fue el más glorioso de los ángeles, pero la soberbia y la envidia provocaron su rebelión contra Dios. A consecuencia de esta rebelión, Satanás y los demás ángeles caídos fueron apartados de la presencia de Dios, una separación que existirá durante toda la eternidad.

Podemos llegar al convencimiento de que, a causa de su rechazo de Dios, el demonio está consumido de odio hacia Él y hacia los que Él creó a su imagen y semejanza: los seres humanos. Así, Satanás no descansa en su deseo de que perdamos nuestras almas y quedemos separados para siempre de ese Dios que nos ama. En la película, y especialmente en la escena del Huerto, su propósito es hacer fracasar la misión de Cristo en el mundo... una misión de amor, verdad y salvación.

23) He oído explicar a algunas personas, incluso a muchos maestros cristianos, que Satanás no es real.

La creencia de algunos «ilustrados» en que el demonio está «pasado de moda» es un grave error. Como indica C. S. Lewis en sus *Cartas del diablo a su sobrino*, la incredulidad en la existencia de Satanás es realmente una ingeniosa jugada del Padre de las Profundidades. Si logra convencer a los hombres de que no existe, de que es tan «real» como una marioneta, no estaremos en guardia contra él. Y, si no estamos en guardia contra él, casi con toda seguridad caeremos en su trampa. Porque la realidad es que desea desesperadamente hacerse con nuestras almas.

En la Sagrada Escritura, Jesús se refiere en numerosas ocasiones al demonio. Por ejemplo, en *Mateo* 25, 41, condena a los que se niegan a obedecer su voluntad y amar al prójimo con las palabras: «Apartaos de mí, malditos, al fuego eterno preparado para el Diablo y sus ángeles». Con estas palabras, Jesús une el destino de los que se niegan a obedecer su voluntad con el del demonio... es decir, con el Infierno. En su primera carta, el apóstol Juan pone en claro la misión esencial de Jesús: «Por eso se ha manifestado el Hijo de Dios, para destruir las obras del diablo» (*1 Jn* 3, 8).

24) Mientras tratamos del tema del diablo, por favor, defíname el «pecado».

El pecado es un comportamiento libre y deliberado por nuestra parte que sabemos ofende a Dios y quebranta su ley.

25) ¿A qué se debe la gran importancia del pecado?

En primer lugar, porque Dios, como Creador y Padre amoroso nuestro, merece todo nuestro amor, respeto y obediencia. Aunque realmente no necesita de nuestra obediencia: obedecemos porque Él nos ama más que nosotros nos amamos a nosotros mismos, y nos conoce mejor de lo que nos conocemos nosotros. Así, cada vez que decimos «no» a Él y a su voluntad, nos perjudicamos a nosotros mismos y a los demás. Otros pecados, llamados leves o veniales, debilitan nuestra amistad con Dios. El pecado grave, o mortal, rompe nuestra amistad con Él. Esta amistad se recupera a través de la búsqueda de su perdón, también a través del sacramento de la Reconciliación.

26) ¿Por qué se cometen tantos pecados y existe tanto enfrentamiento con Dios?

Porque, a causa del pecado de nuestros primeros padres (*el pecado original*), hemos heredado una naturaleza humana que muestra una tendencia natural hacia el pecado. Pero esto no es todo. Satanás es un maestro en el arte de la mentira. Hace que el pecado aparezca atractivo y deseable tal y como hizo en el Jardín del Edén (*Gn* 3). Trata de convencernos de que Dios nos prohíbe ciertas cosas no porque sean dañinas, sino porque nos harían como Él, y lo que Él desea es mantenernos oprimidos y sometidos bajo sus pies. De este modo, Satanás nos muestra el pecado como una liberación cuando es exactamente lo contrario: una esclavitud. Nuestros primeros padres cayeron por eso, lo mismo que nosotros. Los pecados de los hombres son fruto de la soberbia, de la ira, de la envidia, de la avaricia, de la lujuria, de la gula y de la pereza, conocidos por otra parte como los «siete pecados capitales». Así como puede ser difícil elegir una autopista, elegir el mal de este mundo puede resultar muy atractivo en ciertas ocasiones. Podemos remontarnos a la caída de Lucifer, el «Ángel de la Luz» –el demonio– , que se rebeló contra Dios y estableció su reino en la tierra. Por otra parte, Dios ha concedido a su pueblo la libertad para elegir por sí mismo entre su camino de verdad, generosidad y luz, y el camino del demonio de mentira, egoísmo y oscuridad.

27) Si el pecado es un hecho tan grave, ¿por qué no oímos hablar públicamente sobre él con mayor frecuencia?

Hoy vivimos en una sociedad permisiva que adopta al pecado como virtud. Existen los caminos de Dios y los caminos del mundo, dos caminos muy distintos que se ofrecen a la humanidad. Los medios de comunicación suelen ofrecer el mensaje implícito de que «todo funciona» y que el pecado «no es tan grave».

28) Yo he comprendido posteriormente que Judas es la persona que besa a Jesús en el Huerto. ¿Por qué le traicionó?

Además de estar motivado por el dinero (ver *Jn* 12, 6), parece que Judas esperaba que Jesús fuera un mesías diferente, un hombre de este mundo que libraría a Israel de sus opresores romanos. Es posible que, al haber sido testigo de los milagros de Jesús, llegara a creer en su divinidad, o por lo menos que lo considerara un profeta. Se ha dicho que Judas entregó a Jesús a las autoridades para obligarle a ejercer su autoridad y restaurar la primitiva gloria de la nación judía.

29) ¿Quién era Judas?

Realmente, la Sagrada Escritura nos dice muy poco sobre él aparte de su nombre (Judas Iscariote) y de su papel como tesorero de los apóstoles. Después de traicionar a Jesús, fue torturado por los remordimientos y se suicidó ahorcándose.

«Iscariote» significa «puñal», un nombre interesante a la luz del importante papel que desempeñó al traicionar a Jesús «apuñalándole por la espalda», como se suele decir. Existe también la creencia de que su familia procedía de la ciudad de Kerioth, al sur de Judea.

Gracias a algunos pasajes de la Biblia que mencionan a Judas podemos obtener una especie de perfil psicológico de su persona. Parece haber estado muy interesado en las cosas «terrenas» tales como el poder y el dinero. Reprochó que María de Betania empleara un perfume caro para ungir los pies de Jesús, afirmando que debía entregarse a los pobres. Judas actuó también como tesorero de los discípulos y la Biblia nos dice que hurtaba los fondos de la bolsa (*Jn* 12, 6).

Parece que Judas sintió remordimientos por su traición porque, como se ve posteriormente en la película, arrojó al suelo del Templo las treinta monedas que había recibido por entregar a Jesús (ver *Mt* 27, 4). Incluso dice a los sacerdotes y escribas con los que se había puesto de acuerdo: «He pecado entregando sangre inocente» (*Mt* 27, 4). Esto indica que Judas no carecía absolutamente de conciencia. Incluso así, este remordimiento no fue seguido por la virtud de la esperanza, la esperanza de poder ser perdonado. La Biblia nos relata que, después de arrojar las treinta monedas de plata en el suelo del Templo, salió y se ahorcó (*Mt* 27, 5). Pudo haber llegado a ser un gran santo si hubiera llorado su pecado como hizo Pedro. En lugar de ello, desconfió del perdón de Dios y eligió la muerte.

30) A la escena de la traición de Jesús en el Huerto sigue la de una pelea entre sus discípulos y los guardias. Pedro corta con su espada la oreja de uno de ellos al que Jesús cura inmediatamente. ¿Fue un suceso real?

La Biblia nos habla de la pelea, de la herida y de la curación por parte de Jesús (ver *Mt* 26, 51). Sin embargo, no existe mención alguna sobre el itinerario espiritual del guardia herido.

Aunque esta escena de la película represente una licencia artística, es muy lógica. Dicha pelea tuvo que ser rápida y feroz. Imaginemos que somos el guardia del templo. Sentimos el agudo dolor de la hoja de la espada sobre la oreja. Nos llevamos la mano hacia ella e inmediatamente sentimos la sangre y la falta de la carne. La sorpresa y la incredulidad surgen al momento. Entonces, el hombre al que hemos ido a prender, nos toca serenamente la oreja y quedamos curados.

Así, la decisión del director de mostrar al guardia sentado, con aspecto de observar sorprendido lo que acaba de suceder, es enormemente convincente y dramáticamente «correcta». Podemos ver en la mirada del guardia el asombro con que contempla a Jesús. No es increíble que este guardia del templo, como muchos otros a lo largo del relato, experimentara una especie de conversión tras haber sido curado por Cristo.

31) Después de que Pedro corta la oreja del guardia, Jesús le ordena que guarde la espada con las famosas palabras: «Todos los que usan la espada, a espada morirán». ¿Pronunció Jesús estas palabras realmente?

Sí, las pronunció. Esas famosas palabras se encuentran en *Mateo* 26, 52. Además del significado superficial de que es probable la muerte violenta del que habitualmente comete actos violentos, aparece la advertencia más profunda de la pérdida del alma inmortal por romper el mandamiento «No matarás».

32) ¿Quiénes formaban el grupo de líderes judíos que pagaron a Judas para que traicionara a Jesús?

El Sanedrín, el Consejo de jefes judíos formado por sacerdotes, escribas y fariseos. Estos grupos no siempre estaban de acuerdo. Cada uno tenía sus propios criterios. Pero en general coincidían en que Jesús era peligroso y que era preciso silenciarlo porque amenazaba su poder sobre el pueblo y su relación con los romanos. El dirigente del Consejo era el Sumo Sacerdote. En aquellos momentos el Sumo Sacerdote era Caifás, y jugó un papel esencial al convencer al Consejo de la necesidad de condenar a Jesús.

33) ¿Cuáles fueron los motivos del Sanedrín para acabar con Jesús?

Tenían varios motivos. En primer lugar, la Biblia nos dice que existía cierta envidia entre los líderes religiosos. Jesús era un predicador itinerante. No era sacerdote, escriba ni fariseo. Además, las noticias de que realizaba unos milagros increíbles como curar a los ciegos y volver a la vida a los muertos, y de que criticaba la hipocresía de los escribas y fariseos, indudablemente les asustaban. También había algunos ejemplos de que la actuación de Jesús parecía contradecir lo que ellos consideraban la Ley que había que enseñar, tal como sanar a un hombre en sábado. En resumen, la popularidad de Jesús amenazaba su papel de líderes del pueblo judío.

Y lo más importante, Jesús manifestaba en términos muy claros que era el Hijo de Dios: una blas-

femia increíble para el Sanedrín. Por ejemplo, afirmaba que perdonaba los pecados. No solo los pecados contra Él mismo, sino cualquier pecado. Se atribuyó el nombre de Dios (YO SOY), al decir «Antes de que Abraham naciera, YO SOY» (*Jn* 8, 58). Dijo que volvería al final de los tiempos para juzgar al mundo. Aceptó títulos mesiánicos como «Hijo de David», «Hijo del Hombre» y «Cristo, el Hijo del Dios Vivo». Sus palabras y sus hechos provocaron unos acalorados debates entre Jesús y los líderes religiosos judíos. Esto condujo inevitablemente a una reunión del Sanedrín en la que quedó decidido que Jesús estaba agitando al pueblo y, en consecuencia, podía dar lugar a que los romanos los sustituyeran y posteriormente reprimieran a la nación judía. Caifás expuso así su decisión: «Conviene que muera un solo hombre por el pueblo y no que perezca toda la nación» (*Jn* 11, 50).

A causa de la opresión que ejercía el gobierno romano, esta opinión parece casi razonable, excepto, por supuesto, porque condena a un hombre inocente..., un hombre que, por medio de los milagros que realizaba, demostró repetidamente que era el Hijo de Dios.

34) Esta película ha provocado una gran controversia en determinados círculos por considerar que retrata a los líderes judíos. ¿Creen los

católicos que el pueblo judío es colectivamente culpable de la muerte de Jesús?

No; en absoluto. La enseñanza oficial de la Iglesia católica sobre la pregunta «¿Quién es responsable de la muerte de Jesús?» es clara e inequívoca. Algunos cristianos mal aconsejados (e incluso, desgraciadamente, ciertos católicos) mantienen la opinión de que «los judíos son colectivamente responsables de la muerte de Jesús» y que solamente a ellos hay que culpar. Este criterio fue definitivamente rechazado por el Concilio Vaticano II: «Lo que se perpetró en su Pasión no puede ser imputado indistintamente a todos los judíos que vivían entonces ni a los judíos de hoy...; no se ha de señalar a los judíos como reprobados por Dios y malditos como si tal cosa se dedujera de la Sagrada Escritura» (*Catecismo de la Iglesia Católica,* 597).

Para comprender quién es *en realidad* el responsable de la muerte de Jesús, la Iglesia nos dice que lo mejor es que nos miremos al espejo: En el número 598 el *Catecismo* afirma que la Iglesia no ha olvidado jamás que, «los pecadores fueron los autores y como los instrumentos de todas las penas que soportó el divino Redentor». Teniendo en cuenta el hecho de que nuestros pecados afectan al mismo Cristo, la Iglesia no duda en imputar a los cristianos la responsabilidad más grave en el suplicio de Jesús, responsabilidad con la que ellos, con demasiada frecuencia, han abrumado únicamente a los judíos:

> Debemos considerar como culpables de esta horrible falta a los que continúan recayendo en sus pecados. Ya que son nuestras malas acciones las que han hecho sufrir a Nuestro Señor Jesucristo el suplicio de la cruz, sin ninguna duda los que se sumergen en los desórdenes y en el mal «crucifican por su parte de nuevo al Hijo de Dios y le exponen a pública infamia».
>
> Y es necesario reconocer que nuestro crimen en este caso es mayor que el de los judíos. Porque, según el testimonio del apóstol, «de haberlo conocido ellos no habrían crucificado jamás al Señor de la Gloria». Nosotros, sin embargo, hacemos profesión de conocerle. «Y cuando renegamos de Él con nuestras acciones, ponemos de algún modo sobre Él nuestras manos criminales».

Por otra parte, esta enseñanza no es nueva ni una invención de la Iglesia de los años sesenta. La cita anterior, que también aparece en el *Catecismo* procede de documentos del Concilio de Trento de mediados del 1500. La cita siguiente está tomada de san Francisco de Asís en el siglo XIII y se dirige a los cristianos, no a los judíos: «No le crucificaron los demonios; tú eres el que le ha crucificado y le crucificas todavía cuando te deleitas en tus vicios y pecados».

En resumen, la responsabilidad por la muerte de Cristo recae sobre todos los hijos pecadores de Adán y Eva. Lo irónico es que, al culpar solamente a los judíos por la muerte de Jesús, los cristianos antisemitas lo que dicen es: «Jesús no murió a causa de mis pecados. Murió por culpa de aquel pueblo». Un cristiano no puede decir semejante insensatez. La verdad, como siempre ha enseñado la Iglesia católica, es que «los autores de la muerte de Cristo fueron todos los pecadores».

35) El director emplea *flashbacks* para conectar la Pasión con otros aspectos de la vida de Jesús. El primer *flashback* nos muestra a Jesús como un carpintero que vive con su madre en el hogar. ¿Qué propósito tenía el director al rodar esta escena?

Además de proporcionar algún alivio a la creciente intensidad, la secuencia nos muestra la humanidad de María y la divinidad de Jesús, ilustradas con el comentario de María a propósito de que las mesas altas (tales como las que hoy usamos todos en nuestros hogares) ¡no serán populares!

La conmovedora escena de la cariñosa relación de Jesús y María nos ayuda a reflexionar sobre el maravilloso hecho de que, probablemente, Jesús vivió con su Madre durante los primeros treinta años de su vida. A pesar de ser una persona divina, era muy «humano» en su modo de vivir. Comía. Trabajaba como carpintero; tenía vecinos, familia, y amigos con los que se relacionaba como cualquier otro; reía y seguramente bromeaba con su madre, como describe la escena en la que se lanzan agua el uno a la otra. Al ver la muy maternal relación de María con Jesús, comprendemos también la profundidad del dolor que tuvo que experimentar siendo testigo de la Pasión de su Hijo.

36) Cuando la película vuelve al presente –es decir, cuando comienza la persecución de Jesús por parte de los romanos– vemos a María diciendo resueltamente: «Ha empezado, Señor. Así sea». ¿Sabía María realmente lo que iba a sucederle a su Hijo?

Como una piadosa mujer judía, y como la virgen a la que se apareció el arcángel Gabriel, María estaría bien versada en las profecías sobre el Mesías, que incluyen la naturaleza de sus sufrimientos descritos sobre todo por el profeta Isaías y, con mayor elocuencia, en los Salmos del Rey David. Por tanto, es razonable creer que María conocía que su Hijo se enfrentaría a la persecución en algún momento. Por las Sagradas Escrituras sabemos también que, cuando María y José, su marido, ofrecieron al niño Jesús en el Templo, un profeta llamado Simeón le vaticinó: «una espada atravesará tu alma» (*Lc* 2, 35).

37) ¿Por qué José, el padre de Jesús, no aparece en la película?

Quizá si el director hubiera decidido incluir otro *flashback* sobre la infancia de Jesús, habríamos tenido alguna visión de José. Pero el hecho es que la Biblia no vuelve a hablar de él después de encontrar a Jesús, con doce años, en el Templo. Muchos estudiosos creen que José había muerto al tiempo que Jesús iniciaba su misión, lo que parece probable ante el hecho de que Jesús dejara a su Madre al cuidado del apóstol Juan.

38) ¿Por qué Claudia, la mujer de Poncio Pilato, aparece preocupada por la suerte de Jesús?

Probablemente existen dos razones: en primer lugar, se especula con el hecho de que era una cristiana «secreta». Por supuesto, Pilato debía estar al corriente, pero probablemente lo sabían muy pocas personas más. En segundo lugar, Claudia demuestra compasión (o por lo menos cierta prudencia) ante el tema de si Jesús debería ser crucificado,

«No te metas con ese justo, porque hoy, en sueños, he sufrido mucho por su causa» (*Mt* 27, 19).

39) Cuando llevan a Jesús a la presencia de Caifás y del Consejo de Ancianos, el cargo definitivo es el de «blasfemia». ¿Qué es blasfemia?

La blasfemia es una ofensa contra el primero y el segundo Mandamientos, que obligan no tomar en vano, o sin respeto, el nombre de Dios, y a que el pueblo no se sitúe, ni a sí mismo ni a nadie más, en un lugar de honor por encima de Dios.

40) ¿Realmente el castigo por blasfemar era la muerte? Esto parece terriblemente duro.

El castigo por blasfemia contra el nombre de Dios se encuentra en el libro del *Levítico:* muerte por lapidación (*Lv* 24, 16). Esta ley fue dictada en tiempos de Moisés cuando algunos israelitas fabricaron un becerro de oro en lugar de reconocer al verdadero Dios, que les había librado milagrosamente de la esclavitud de Egipto.

A causa de la ocupación romana, las autoridades judías no tenían permiso para dictar una pena de muerte. Por esta razón, Jesús compareció ante el gobernador romano, Poncio Pilato. (Es interesante apuntar que Caifás insistió en llevar a cabo la aprobación de una orden de *crucifixión* antes que una orden de lapidación. Esto nos sugiere que no estaba tan interesado en ver condenado a Jesús según la Ley como lo estaba en acabar con Él por cualquier medio).

41) Uno de los hombres que testifican contra Jesús le acusa de haber afirmado ser «el pan de vida», y que en repetidas ocasiones había hablado de comer su carne y beber su sangre. ¿Dónde aparece esto en la Biblia?

Esta referencia aparece en el capítulo 6 del Evangelio de Juan, en el extenso discurso en el que Jesús se refiere a sí mismo como «el Pan de Vida» (*Jn* 6, 48) y dice: «si no coméis la carne del Hijo del Hombre y no bebéis su sangre, no tendréis vida en vosotros» (*Jn* 6, 53). En respuesta a esta afirmación, muchos de los discípulos de Jesús dejaron de seguirle. Lo más interesante es que Jesús permite que sus discípulos le abandonen. No les hace volver diciendo, «¡Eh, esperad un momento. Yo no lo digo *literalmente,* sino simbólicamente». Los dejó ir porque Él sabía realmente lo que decía.

Católicos, ortodoxos y algunos protestantes aceptan que Jesús pretendía que su enseñanza se comprendiera literalmente, es decir, que Él se daría a sí mismo como alimento espiritual para sus seguidores. Sin embargo, este alimento viene a nosotros bajo la humilde apariencia de pan y de vino. Jesús impartió esta misma enseñanza la noche en que fue traicionado, el Jueves Santo, cuando en la Última Cena tomó pan, lo bendijo, lo partió y lo dio a sus discípulos diciendo: «Tomad, esto es mi Cuerpo». Y tomó el cáliz y, después de dar gracias, se lo entregó y todos bebieron de él. Y les dijo: «Esta es mi Sangre de la Nueva Alianza que será derramada por muchos» (*Mc* 14, 22-24).

A primera vista, esta enseñanza suena extraña («si no coméis mi carne»). Sin embargo, cuando profundizamos, se hace más comprensible. Recordemos que la Pascua judía celebraba que el ángel de la muerte enviado por Dios durante la época de las diez plagas «pasara de largo» ante los hogares judíos que habían rociado las jambas de sus puertas con la sangre del cordero. Sin embargo, lo que por lo general se ignora, es que las familias que sacrificaron el cordero y luego rociaron las jambas de las puertas con su sangre, recibieron también el mandato de *comerlo*. Para cumplir con el sacrificio familiar a Dios, tenían que matar y comer aquel cordero. Jesús es el Cordero perfecto. Con objeto de compartir plenamente el sacrificio de la Cruz, los cristianos están llamados a alimentarse del Cordero de Dios que es el Pan de Vida.

42) Durante el falso juicio, aparecen dos líderes judíos que defienden a Jesús. ¿Quiénes son?

Aunque no están identificados en la película, se trata probablemente de Nicodemo y de José de Arimatea. Ambos aparecen en los Evangelios como amigos de Jesús y como discípulos secretos por temor a sus colegas, miembros del Sanedrín. En realidad, Nicodemo acudió de noche a hablar con Jesús y plantearle algunas preguntas (*Jn* 3). Al otro hombre, José de Arimatea, lo vemos en el momento en que bajan a Jesús de la cruz. José, un acaudalado seguidor de Jesús, cedió su sepulcro para enterrarle.

43) ¿Fue Jesús realmente culpable de blasfemia?

Jesús responde a los príncipes de los sacerdotes y a los escribas pidiéndoles que lo juzguen sobre su enseñanza pública. No obstante, cuando el Sumo Sacerdote le pregunta sin rodeos: «¿Eres tú el Cristo, el Hijo del Bendito?», afirma con claridad que, en verdad, Él es el Hijo del Hombre, y (más sorprendente aún), se aplica deliberadamente el Nombre de Dios: «YO SOY, y veréis al Hijo del Hombre sentado a la diestra del Poder y venir entre las nubes del cielo» (*Mc* 14, 62). Aprovechando estas palabras, el Sumo Sacerdote rasga sus vestiduras y declara que el reo ha blasfemado. Sin embargo,

¡solo se podría considerar blasfemia en el caso de que Jesús estuviera mintiendo! De hecho, el Dios Encarnado estaba en pie ante ellos: lo mismo que la Verdad lo estuvo ante Pilato; y no lo reconocieron.

44) En la actualidad la gente suele tomar el nombre de Dios en vano. ¿Eso es blasfemar?

Sí; aunque nuestra hastiada cultura no lo contempla actualmente, podemos estar seguros de que Dios hablaba en serio cuando nos dio el segundo Mandamiento.

45) Según la Biblia, las negaciones de Pedro tuvieron lugar cuando estaba calentándose junto al fuego, lo que supondría una escena bastante tranquila. ¿Por qué resulta tan diferente en la película?

Es un ejemplo de las licencias imaginativas del director orientadas a incrementar la emoción del descubrimiento del drama de Pedro, líder de los discípulos y futura cabeza de la Iglesia.

46) ¿Por qué el director nos muestra a Pedro caído a los pies de María gritando «¡Le he negado, Madre!»?

Probablemente trata de transmitir la enseñanza de la Iglesia según la cual es oportuno di-

rigirse a la Madre de Jesús cuando ofendemos a Dios. En la época de los Reyes de Israel y de Judá, la Reina Madre mantenía una posición de poder y de fuerza. Recurrir a la madre de nuestro Rey es extraordinariamente oportuno, ya que su corazón y el de su Hijo están fuertemente unidos.

47) Hay una escena en la que María, echada sobre el suelo de piedra, ve a Jesús encadenado al techo. ¿Cuál es el profundo significado de esta secuencia?

Podemos imaginar que con esta imagen el director pretende reflejar la eterna unión de Jesús con su Madre. Jesús, el Mesías, el cumplimiento de las antiguas profecías, y María, que se abandonó a la voluntad de Dios desde el nacimiento del Hijo hasta su muerte, están permanentemente unidos.

48) ¿Es exagerado afirmar que María tuvo una participación activa en la Pasión de Cristo?

No; en absoluto. Según la Biblia, María estuvo presente en algunos de los milagros y, de hecho, ayudó a la iniciación del ministerio público de Jesús al pedirle que surtiera de vino a unos anfitriones, probablemente apurados, en las bodas de Caná (*Jn* 2). La Tradición nos habla de su encuentro con Jesús en el camino hacía el Gólgota (donde fue crucificado) y la Sagrada Escritura nos la muestra también presente al pie de la Cruz junto a María Magdalena y a San Juan.

49) ¿Por qué aparecen unos demonios infantiles rodeando a Judas en su tormento?

Se trata de otro ardid imaginativo del director que, mediante el juego alocado y terrible de alguien tan inocente como unos niños subraya las consecuencias del pecado, que deforma nuestra percepción del bien, la verdad y la belleza. Esto adquiere actualmente una importancia significativa, ya que la sociedad moderna, atrincherada en el egoísmo, ha llegado a considerar a los hijos como una carga y no como un tesoro; una maldición más que una bendición.

50) Me figuro que los soldados eran romanos. ¿Cuál era su relación con los líderes judíos?

Se trata de una cuestión política. Los romanos habían conquistado esta parte del mundo unos doscientos años antes. De todos modos no era una parte importante del Imperio romano, como comprobamos en la película cuando Poncio Pilato se queja de llevar destinado en el cargo ¡once largos años! Entre el gobernador romano de la tierra de Judea y los líderes judíos existía una relación poco amistosa. La carta que la elite del Templo guardaba en su manga era la amenaza de un levantamiento. El César en Roma presionaba a Pilato para que mantuviera la paz. Como el pueblo judío esperaba que el Mesías profetizado en la Escritura fuera un jefe *militar* que lo liberaría de la ocupación romana; dicha amenaza pesaba extraordinariamente sobre Pilato. Por otra parte, los judíos contaban con cierta presencia policial, como los guardias del templo que arrestaron a Jesús en el Huerto.

51) ¿Fueron tan brutales los soldados romanos como aparecen en la película o es solamente una creación de Hollywood?

Según los relatos, ciertamente lo fueron. La Crucifixión era quizá el modo de ejecución más doloroso y horrible imaginado. Era el procedimiento empleado a través del Imperio romano como medio para someter a las poblaciones dominadas. El caso de Jesús es el ejemplo patente de una situación creada para evitar un posible levantamiento. Así, un cabecilla judío acusó falsamente a Jesús de prohibir pagar el tributo al César con objeto de provocar la sentencia romana de crucifixión.

52) Pilato envía a Jesús a otro hombre con la esperanza de que juzgara la inocencia o la culpabilidad de Jesús. ¿Quién es ese hombre?

Ese zalamero, pero siniestro personaje, es Herodes Antipas, el rey judío que había encarcelado a Juan el Bautista por condenar el matrimonio contraído con la mujer de su propio hermano. Un día, su hijastra Salomé le complació hasta tal punto con su danza seductora, que Herodes le ofreció lo que deseara como premio. Aconsejada por su madre, ella le pidió la cabeza de Juan el Bautista. Herodes cedió a regañadientes y Juan el Bautista fue degollado (*Mt* 14, 3-12). De acuerdo con los romanos, en tiempo de Jesús era Herodes quien regía al pueblo judío en la región de Galilea.

53) ¿Por qué envió Pilato a Jesús al rey Herodes? ¿Por qué no lo juzgó él mismo?

Probablemente porque sabía que Jesús era inocente y las autoridades judías lo habían entregado por envidia. En consecuencia, no estaba dispuesto a juzgarle. Además, Claudia, su mujer, le dijo que no se metiera con aquel justo (*Mt* 27, 19). Un tecnicismo jurídico le solucionaba la cuestión: Jesús era galileo y como tal, estaba bajo la autoridad del rey Herodes. Al final, ante la negativa de Herodes a tomar alguna decisión, se vio obligado a juzgar a Jesús.

54) ¿Deben condenar los cristianos el comportamiento de Pilato? Parece haber hecho lo mejor en tales circunstancias.

Aunque las decisiones políticas puedan ser difíciles, las personas investidas de autoridad están obligadas a seguir la senda estrecha, a actuar con justicia, y a defender lo que es bueno y verdadero sin atender a las consecuencias. Pilato actuó por temor y por interés personal: había sido nombrado gobernador para mantener la paz en Jerusalén, y daba la impresión de que la multitud se estaba sublevando; y, lo que era aún peor para él, a menos que entregara a Jesús para ser crucificado, podría crearle problemas con el César y perder su duramente ganada carrera. Aunque intentó liberar a Jesús en varias ocasiones, finalmente Pilato pensó más en su propio bien que en el bien último: «Se lavó las manos» de la condena a muerte de Jesús, pero siempre pesará sobre él una gran responsabilidad: pudo haber declarado inocente a Jesús y dejarle en libertad; en lugar de ello, permitió el asesinato del Autor de la vida.

55) ¿Por qué guardó silencio Jesús en presencia de Herodes?

La explicación de este extraño detalle suele ser la siguiente: Herodes estaba tan entregado a la depravación y al pecado, que cualquier intento de Jesús por llegar hasta él habría sido inútil. Por supuesto, Jesús sabía que Herodes había tomado por esposa a la mujer de su hermano, así como su papel en la muerte de Juan el Bautista. En resumen, puesto que Herodes no podía representar papel alguno ahorrándole los sufrimientos que se avecinaban, Jesús se limitó a soportar al necio sin entablar conversación con él.

56) La película incluye una escena en la que Pilato pregunta a su mujer sobre la «verdad» y la razón de que no pueda oírla. ¿Por qué?

Esta conmovedora escena muestra de un modo maravilloso la realidad de que la verdad está escrita en el corazón de los hombres. El profeta Isaías y el apóstol Pablo en la Biblia exponen esta idea de un modo más elocuente. La escena subraya el hecho de que Pilato pudo haber sido sincero al preguntar «¿Qué es la verdad?». Da la impresión de que Pilato se sentía profundamente desconcertado –incluso obsesionado– por Jesús y no obstante, y a pesar de su disgusto, empleó su autoridad para mandar al inocente Dios-Hombre a la cruz.

57) Después de que Pilato afirma que ni él ni Herodes han encontrado culpable a Jesús, aparece en escena el delincuente Barrabás. ¿Por qué en ese momento Pilato ofrece liberar a ese preso?

Lo hace porque existía la costumbre anual de dejar en libertad a un preso durante la Pascua judía como un gesto de «buena voluntad» por parte de los romanos. Tal gesto se producía en el momento óptimo desde el punto de vista de las relaciones públicas, pues Jerusalén estaba llena de peregrinos de todos los lugares que habían ido a hacer sus ofrendas en el Templo.

La libertad de Barrabás es desconcertante, pues se trataba de un asesino conocido, políticamente un zelota: un peligro patente para el Estado romano. Su liberación añadía el insulto a la ofensa. El propio pueblo de Jesús, al que había demostrado su gran amor y para el que había realizado numerosos milagros, eligió liberar a un asesino antes que al inocente Hijo de Dios.

58) La más impresionante y, francamente, la parte más difícil de ver en la película es el episodio de la flagelación de Jesús. ¿A qué se debe la violencia de estas escenas?

Históricamente, los relatos indican que la práctica de la flagelación era espantosa y terriblemente sangrienta. En nuestro país, la experiencia de los esclavos afroamericanos durante varios cientos de años atestigua este hecho. También, la prueba de la Sábana Santa de Turín –considerada por muchos como el auténtico sudario de Jesús– demuestra que el dorso del hombre flagelado quedaba gravemente herido y ensangrentado. El director había afirmado que su intención al rodar *La Pasión de Cristo* había sido la de mostrar la brutal realidad de lo que realmente experimentó Jesús.

Basta simplemente observar el instrumento de la flagelación para comprender algo de ese horror. Encontramos esta descripción en el libro de Pierre Barber, *Un médico en el Calvario:*

> ...se empleaba un instrumento característico de los romanos: el flagelo. Era un mango corto al que iban unidos varias gruesas correas de cuero, generalmente dos. A escasa distancia del final se insertaban unas bolas de plomo o unos pequeños huesos de cordero... El cuero cortaba la piel, y las bolas y los huesecillos se clavaban profundamente causando las heridas. Se producían grandes hemorragias y una considerable pérdida de resistencia vital.

En la película, el demonio asiste a la flagelación de Jesús. Vemos a Satanás llevando en brazos a un grotesco bebé demonio, dando vueltas en torno al desarrollo de la escena, e incitando a los tor-

turadores a emplear la máxima violencia y la mayor brutalidad. Este era su momento, en el que pensaba estar venciendo en su batalla contra Dios.

59) ¿Por qué es una escena tan larga?

Porque la flagelación duraba aproximadamente lo mismo. Era tan brutal, que estuvo a punto de matar a Jesús antes de la crucifixión. La flagelación de Jesús no es algo que hemos de dejar a un lado o ignorar: es una poderosa realidad que deberíamos meditar. Un método provechoso de hacerlo es rezar el Rosario, que es una meditación sobre la vida de Cristo. Esta beneficiosa oración se divide en veinte «misterios». Los *misterios dolorosos* se basan en los acontecimientos clave de la Pasión de Jesús: la oración del Huerto, la flagelación, la coronación de espinas, la carga de la cruz, la crucifixión y la muerte. La consideración de estos misterios abrirá nuestro corazón haciéndonos comprender el profundo sentido de la Pasión de Cristo y ayudándonos a aplicarlo a nuestras vidas.

60) ¿Qué significado tiene el *flashback* en el que Jesús lava los pies a sus discípulos?

Jesús vino a servir y a enseñarnos un modo de vida. La lección que imparte en esta escena consiste en que, aunque es Dios, se humilla a sí mismo a favor nuestro; Él, el Señor del Universo, se hace el servidor de su creación. A través del gesto de lavar los pies de sus discípulos, Jesús nos muestra la naturaleza del verdadero amor: morir para nosotros mismos y vivir para los demás. Si lo hacemos así, descubriremos quiénes somos en realidad. El camino del amor es de sacrificio: dar la vida por los demás en los momentos grandes y pequeños, incluyendo el humilde hecho de lavar los pies de otro.

61) ¿Por qué aparece en la película la mujer de Pilato entregando a María una serie de toallas?

Es un hermoso ardid artístico que refleja visiblemente la devoción a la preciosísima sangre de Cristo: la sangre que fue vertida por nosotros, la sangre que nos salva. La Biblia dice: «por sus heridas (las de Jesús) fuimos sanados» (*1 P* 2, 24).

María, como madre, más que el amor maternal por su Hijo, muestra su comprensión de la santidad de su sangre.

62) En la escena en que Jesús salva de la lapidación a la mujer sorprendida en adulterio, le vemos escribir en la arena. ¿Qué significa este gesto?

Esta secuencia está tomada directamente del Nuevo Testamento (*Jn* 8, 3-11). Algunos teólogos y estudiosos de la Biblia han especulado

sobre la posibilidad de que Jesús quizá escribiera los pecados de los hombres que pretendían lapidarla. Otros apuntan a que el gesto de Jesús recuerda a Quien entregó en primer lugar la Ley sobre el Monte Sinaí, pues el Éxodo describe el Décimo Mandamiento (que incluye «No cometerás adulterio») como escrito en piedra por el «dedo de Dios». Por tanto, es justo que Quien nos dio la Ley nos conceda el perdón. En cualquier caso, a partir de este incidente captamos el desafío de estas palabras: «Aquel de vosotros que esté sin pecado, arrójele la piedra el primero» (*Jn* 8, 7).

63) La película nos muestra a Jesús hablando en su lengua materna, el arameo, hasta que se presenta ante Pilato. ¿Por qué, de repente, habla en latín con Pilato cuando dice: «No tendrías poder alguno sobre mí si no se te hubiera dado de lo alto»?

Parece que el director pretende tocar aquí una profunda cuestión, en concreto la de demostrar la divinidad de Jesús haciéndole hablar una lengua que jamás había estudiado, una lengua que desconocía a nivel humano. Al oír a Jesús hablar con soltura en latín, su propia lengua, Pilato debió quedar muy sorprendido, y se preguntaría quién era realmente este Jesús. Por otra parte, es posible que Jesús supiera algo de latín, pues había vivido en una zona de gran cantidad de etnias y de lenguajes. Aquí, la cuestión radica en que emplea este recurso artístico para demostrar la divinidad de Jesús.

64) ¿Pensó Pilato que al exclamar «*Ecce Homo*» –¡Aquí tenéis a vuestro rey!– y mostrar el tormento de Jesús, se calmaría la sed de sangre de la turba?

Aquí podemos ver el vívido contraste entre un hombre que todavía conserva en su corazón una chispa de piedad, y una agitada muchedumbre cuya ansia por un gran espectáculo no encuentra satisfacción. Desgraciadamente, este es un retrato perspicaz de la condición humana: nuestro apetito por el pecado y el vicio, una vez que les damos rienda suelta, crece cada vez con más fuerza, y nunca podremos saciarlo definitivamente.

65) ¿A qué se debe el contraste establecido entre Pilato «lavándose las manos» y Jesús purificando las suyas en la Última Cena?

«Lavarse las manos» de cualquier responsabilidad es una expresión popular en nuestra cultura que procede directamente de este suceso histórico. Pilato «se lava las manos» por la inminente crucifixión de Jesús para demostrar que, por su parte, no carga con responsabilidad alguna sobre ella. Con este acto simbólico, Pilato manifiesta que él ha intentado actuar con justicia y habría liberado a Jesús, pero que las autoridades del Templo y la muchedumbre se lo han impedido. Así que da por terminado el asunto; no tendrá la culpa de lo que suceda. Aquí el contraste apunta a la crucial diferencia entre obedecer a los deberes impuestos por Dios (en el Antiguo Testamento, Dios mandaba que el pueblo se purificara las manos antes de comer) y eludir las responsabilidades dadas por Él (juzgar con justicia).

66) ¿Por qué uno de los condenados con Jesús se burla de Él cuando camina cargado con la cruz?

Obviamente, el ladrón condenado que se burla de Jesús no ha entendido que el sufrimiento debe ser aceptado para crecer en nuestro amor y en nuestra confianza en Dios. En la Providencia divina, todas las cosas cooperan al bien de los que aman a Dios. Así como somos capaces de aceptar el dolor fruto de nuestras pobres opciones, es el dolor que surge sin culpa por nuestra parte el que puede probar más seriamente nuestra fe. Los caminos de

Dios están por encima de nuestra comprensión. No obstante, la fe cristiana nos enseña la necesidad de abrazar la cruz, de aceptar todo lo que Dios permite que nos suceda, y así, purificar nuestra voluntad y conformarla más plenamente con la suya. Esta es la vía de la santidad y de la salvación.

67) En un punto determinado del camino del Calvario, Jesús parece casi acariciar su cruz. ¿Estoy equivocado?

Una vez más, por desconcertante que resulte a nuestras modernas sensibilidades, la Iglesia católica reconoce el valor redentor del sufrimiento. Jesús nos enseña que el dolor es inevitable y purificador, y hemos de darle la bienvenida y aceptarlo. Cuando lo ofrecemos a Dios, adquiere valor redentor, lo que significa que participamos con Dios en la expiación de nuestros pecados (ver *Col* 1, 24).

68) Mientras Jesús carga con la cruz, el director enfoca al diablo y a María caminando en lados opuestos a través de la multitud. En un momento determinado, sus miradas se cruzan en un sorprendente e intenso intercambio silencioso. ¿Qué está sucediendo exactamente?

Los católicos consideran la obediencia de María como la antítesis de la rebelión del demonio contra Dios. Esto sorprende a muchas personas que creen que el *diablo* es lo opuesto a Dios. Pero nada se puede oponer a Dios porque Dios no tiene igual. Hablando vulgarmente, aparte de Dios, ni siquiera María podría ser lo opuesto al demonio, porque él, como ángel, es sumamente más poderoso que cualquier ser humano. Pero María es «la llena de gracia», como la llamó Gabriel, está llena de la vida de Dios y, por lo tanto, es capaz de enfrentarse con el demonio, no solo durante la Pasión, sino también por nuestro bien, ahora que está glorificada en el Cielo. El ángel Gabriel se le apareció cuando era una adolescente, anunciándole el deseo de Dios de que se convirtiera en la madre del Mesías. Su «sí» a Dios otorgó al mundo el regalo de la salvación: el Hijo de Dios hecho carne, Jesús. Su «sí» inmediato a Dios la sitúa en oposición directa a la negativa de Lucifer a obedecer la voluntad de Dios.

El «sí» de María se sitúa en un claro contraste con el «no» de Eva a Dios en el Jardín del Edén. Mientras en el libro del *Génesis*, Eva aparece seducida por el demonio, María desbarata los planes del diablo al aceptar la voluntad de Dios para su Hijo amado. Por esa razón, los cristianos se refieren a María como la «nueva Eva»: su «sí» obediente a Dios borró el «no» de Eva (pecado y rebelión) y comenzó la recuperación de la gracia para la humanidad.

Esta escena del camino de Calvario de Jesús ilustra la batalla que iba a tener lugar, y lo sigue teniendo, entre María y el demonio. El demonio menosprecia a María por su papel de dar al mundo al Salvador, por la pureza de su corazón, por su papel de intercesora delante de Dios, por su total fidelidad. La prueba de este odio hacia «la mujer» se expresa al principio y al final de la Biblia. En el *Génesis* oímos a Dios revelar que pondrá «enemistad entre tú (el demonio representado por la serpiente) y la mujer» (*Gn* 3, 15). En el *Apocalipsis* vemos que el demonio (representado por el dragón) ansía devorar al hijo de la mujer, pero ella huye al desierto (ver *Ap* 12, 6). La «mujer» de la que se habla aquí es una alusión no solo a María, especialmente elegida por Dios, sino a Israel, la «Virgen Hija de Sión» de la que María es el ejemplo supremo, y a la Iglesia de la que María es el icono y la imagen suprema.

69) ¿Tienen los católicos el deber de adorar a María?

No. Los católicos *honran* a María y la consideran como la más grande de entre todos los santos. Ella es, simplemente, la nueva «Arca de la Alianza», el vaso que Dios eligió para llevar a su Hijo, y por lo tanto, merecedora de nuestra devoción y de nuestro respeto. Lo mismo que en el Antiguo Testamento el Arca de la Alianza guardaba la palabra de Dios (las tablas de los Diez Mandamientos) y el pan del cielo (el *manna*), María guardó en su vientre la Palabra de Dios y el Pan del Cielo: Jesús.

A causa de su especial proximidad con Dios, los católicos solicitamos su especial intercesión en beneficio propio. Esta es, en gran parte, la razón de que la devoción a María sea tan importante en nuestras vidas espirituales.

70) He oído hablar de las Estaciones del Vía Crucis y creo que conmemoran algunos de los sucesos que aparecen en la película. Exactamente, ¿qué son las Estaciones?

El Vía Crucis, una tradicional y popular devoción católica, lleva practicándose piadosamente de una forma u otra hace aproximadamente mil años.

Las Estaciones recuerdan catorce sucesos clave a lo largo del recorrido de Jesús hacia el Calvario, el lugar de su crucifixión. Nos permite «caminar» espiritualmente con Jesús durante sus últimas horas. Entre los sucesos que se conmemoran se incluye la condena de Jesús por parte de Pilato, el momento en que carga con la cruz, sus tres caídas y el encuentro con su madre. Las oraciones que se rezan en cada estación son variadas

y existen en distintas «versiones». Algunas son meditaciones compuestas por santos de hace siglos, otras están redactadas en términos más modernos.

Las imágenes de las Estaciones del Vía Crucis aparecen en casi todos los templos católicos del mundo y muestran distintos estilos artísticos, tanto antiguos como modernos.

71) ¿Qué distancia recorrió Jesús en el camino del Calvario?

El recorrido hasta el Calvario se conoce como la *Vía Dolorosa*. Se dirige desde el Pretorio (la sede del tribunal romano) hasta el Calvario, la colina que fue el lugar de la crucifixión, y mide unos 600 metros... La superficie debía ser muy áspera y cargar con un pesado madero –después de la flagelación en la columna– tuvo que ser extraordinariamente difícil para Jesús.

Millones de personas han recorrido durante siglos este camino por su devoción hacia la Pasión. Cuando se llega a Jerusalén, las peregrinaciones diarias tienen lugar desde el Monasterio de la Flagelación hasta el Calvario.

72) Cuando Jesús, cargado con la cruz, sube hacia el Calvario, una mujer atraviesa la muche-

dumbre para ayudar a Jesús y enjugarle el rostro. ¿Quién es esa mujer?

Se llama Verónica. Aunque la Biblia no relata este suceso, se trata de una conocida historia narrada y celebrada por los fieles.

73) La escena de la faz de Jesús impresa en el velo de Verónica, ¿es un recurso artístico del director de la película?

No. Según los relatos históricos, el velo de Verónica se ha contemplado y venerado durante siglos. Hay quien supone que esta imagen es la principal fuente para descubrir el aspecto de Jesús. Según la tradición cristiana, Verónica conservó el velo y descubrió sus propiedades curativas. Se dice que sanó con él la enfermedad del emperador romano Tiberio; luego lo dejó en manos del Papa Clemente (el cuarto sucesor de San Pedro) y de sus sucesores.

74) ¿Ha llegado a nuestras manos el velo de Verónica?

Existe cierta polémica sobre si el velo de Verónica es realmente el que se conserva en la Basílica de San Pedro. Allí, junto al altar mayor, según la tradición, se encuentra una estatua de Verónica

con una inscripción latina que dice que el velo se guarda en el interior.

Un breve relato: A comienzos del siglo IV, ciertos documentos de la Iglesia daban a conocer la existencia del velo, y en el Año Santo de 1300, quedó expuesto públicamente en Roma. Sus características se describen como de un material fino, con la imagen, a ambos lados del tejido, de una persona con los ojos abiertos, un rostro que expresaba dolor, y con evidentes manchas de sangre. Las dificultades históricas comienzan en 1608, cuando la capilla donde se conservaba el velo fue demolida por el Papa Pablo V durante la reconstrucción de la Basílica de San Pedro. Desde entonces se especula con el robo del velo. En 1616 el Papa Pablo V prohibió las copias del velo de Verónica que no estuvieran a cargo de un canónigo (sacerdote). De hecho, todas las copias realizadas después de este período muestran la imagen de Cristo con los ojos cerrados, mientras que en las imágenes anteriores los tenía abiertos. En pocas palabras, la respuesta es que los eruditos continúan indecisos sobre si el velo auténtico ha llegado hasta nosotros.

75) No puedo por menos de observar que los cuatro principales personajes femeninos de la película aparecen bajo una luz muy positiva. ¿Es

un gesto hacia lo políticamente correcto por parte del director?

La positiva descripción de las mujeres en la película fue intencionada por parte del director. Sin embargo, lejos de someterse a cualquier petición de corrección política, el director refleja una mezcla de la enseñanza católica y la común piedad de la Iglesia acerca de esas mujeres. La Sagrada Escritura nos dice que la Santísima Virgen María y María Magdalena estuvieron presentes en la Pasión de Cristo. Una piadosa tradición católica incluye también a los personajes de Verónica y Claudia, la mujer de Pilato. Tanto la Sagrada Escritura como la Tradición coinciden en que huyeron casi todos los discípulos en la vida de Cristo (con la excepción del apóstol Juan). Este hecho merece una consideración y una meditación más profundas.

76) ¿Quién es el hombre que ayuda a Jesús a cargar con la cruz? ¿Está mencionado en la Biblia?

Sabemos por la Biblia que se trataba de Simón de Cirene, una ciudad situada en la costa norteafricana. Probablemente era un peregrino que había acudido a Jerusalén con objeto de celebrar la fiesta de la Pascua judía, como tantos otros

que se reunían en Jerusalén desde distintos países para aquella importante ocasión. Simón queda mencionado brevemente en la Sagrada Escritura. Nos dice simplemente que los soldados romanos le «forzaron» a ayudar a Jesús a cargar con la cruz (ver *Lc* 23, 26), aunque el Evangelio de Marcos nos da los nombres de sus hijos, Alejandro y Rufo (ver *Mc* 15, 21). La tradición cristiana, por su parte, nos dice que este hombre, elegido en los planes de Dios para desempeñar tan íntimo papel al aliviar la carga de Jesús, experimentó una profunda conversión al cristianismo.

En cierto sentido, Simón de Cirene nos representa a todos... llamados por Jesús a tomar nuestra cruz diaria y seguirle (ver *Lc* 9, 23). Jesús nos invita a cada uno de nosotros a participar en su obra redentora a través del ofrecimiento sacrificial de nuestras vidas.

77) ¿En qué momento de su ministerio público dijo Jesús, «Si solo amáis a los que os aman, qué mérito tenéis?».

El Sermón de la Montaña (*Mt,* 5-7) anuncia la llegada del Reino de Dios y resume el núcleo de la enseñanza de Jesús. La cita en cuestión es de *Mateo* 5, 46, en la que Jesús describe la auténtica naturaleza del amor.

78) He oído a un historiador decir que, en el camino del Calvario, Jesús sólo llevaba el madero horizontal de la cruz. ¿Por qué la película lo muestra cargando con la cruz entera?

Según la costumbre romana, era habitual que los condenados a la crucifixión llevaran únicamente el madero horizontal –*patibulum*– hasta el lugar de la ejecución. Una vez allí, el patibulum se amarraba al poste vertical y se alzaba la cruz entera. Por lo tanto, parece ser que Jesús haría lo mismo.

Sin embargo, como gran parte del arte cristiano de los últimos mil años representa a Jesús cargando con toda la cruz, el director optó por mostrarlo llevándola de este modo. El madero, que normalmente pesaba entre 25 y 50 kilos, tuvo que haber sido una tortura más. La elección del director no parece ser un intento de exagerar las cosas, sino que se limita a hacer coincidir la idea del espectador con el histórico acontecimiento.

79) ¿No se clavaron los clavos en las muñecas de Jesús –en lugar de en sus manos– con objeto de que soportaran el peso del cuerpo? La película nos muestra cómo los clavos penetran en las manos de Jesús.

Generalmente, está admitido que en la clásica crucifixión romana, los clavos se introducían en

las muñecas y no en las manos. La decisión del director de mostrar los clavos penetrando en las manos de Jesús es otro ejemplo de licencia artística, elegido por la misma razón por la que Jesús aparece cargando con «toda» la cruz: por la influencia del arte cristiano, que muestra a Jesús con los clavos en las manos. Ambas posibilidades son igualmente terribles, de modo que la decisión del director tiene escasas consecuencias. (Es interesante apuntar que el Sudario de Turín es históricamente preciso sobre este detalle: el hombre que aparece en el Sudario tiene las heridas en las muñecas y no en las manos).

80) ¿Aparece Mel Gibson, el director, en alguna escena de la película?

Sí; podemos ver la mano izquierda de Gibson sosteniendo el clavo que se va a introducir en la mano de Jesús. Gibson ha explicado que lo hizo para representar el hecho de que fue su propia maldad, al menos en parte, la que crucificó a Cristo.

81) ¿Qué más sabemos sobre la práctica romana de la crucifixión?

Tras la llegada al lugar de la ejecución, en la clásica crucifixión romana se empezaba por despojar al reo de sus vestiduras y luego se le clavaban las muñecas al madero por medio de unos largos clavos. Después, los pies del condenado se clavaban a una pieza de madera sujeta al poste vertical. Aunque todo aquello resultaba atrozmente doloroso, ninguna de aquellas heridas era mortal. La muerte se producía porque el peso del cuerpo de la víctima terminaba por causarle el agotamiento y la asfixia. La víctima moría literalmente ahogada. Los mismos romanos reconocían claramente la excepcional crueldad de la crucifixión como procedimiento de ejecución, pues los ciudadanos romanos convictos de graves crímenes y sentenciados a muerte siempre eran degollados, pero no crucificados.

82) ¿Por qué los ataques de esos pájaros horribles y repugnantes en la escena de la crucifixión?

Con objeto de dar a conocer otro detalle histórico. Las aves carnívoras y las aves de presa se lanzaban a menudo sobre las víctimas de la crucifixión. Existe también la creencia de que algunas de esas víctimas morían a causa de los ataques de los perros. El destino del «mal ladrón» contrasta también con el del «buen ladrón», que, según la Biblia, en la hora undécima confiesa creer en Cristo, quien le asegura que participará de su Reino.

83) ¿Por qué ese *flashback* a la Última Cena durante la crucifixión?

El modo en que Jesús celebró la cena Pascual judía (es decir, la Última Cena) con sus apóstoles simboliza el cumplimiento de la Antigua Alianza. Afirmó que el pan pascual era su Cuerpo y el vino su Sangre, y ordenó que sus discípulos lo practicaran en memoria suya. Hoy lo llamamos Eucaristía. A lo largo del capítulo 6 del Evangelio de Juan, Jesús habla de su carne como verdadera bebida y de su sangre como verdadera bebida, provocando entonces la perplejidad entre sus seguidores. El sacrificio de su cuerpo en la cruz, una vez y para siempre, se *representa* tangiblemente en la tierra por medio del sacrificio del altar, donde la carne y el vino se convierten en su Cuerpo y en su Sangre. En el Nuevo Testamento, así como en los escritos de los Primeros Padres de la Iglesia, se habla de este ritual como de «la fracción del pan» (*Hch* 2, 42).

La Pascua judía adquiere un sentido nuevo pues su propósito se ha cumplido. El Hijo de Dios –sin mancha, el Cordero sin pecado– se ha convertido en la ofrenda. Al consumir el alimento pascual en su forma nueva –la Eucaristía– se cumple la promesa de tener vida en nosotros. «Yo soy el Pan de Vida; el que viene a mí no tendrá hambre» (*Jn* 6, 35). Para una explicación completa de esta enseñanza central de Jesús, ver *Jn* 6, 22-71.

84) Por favor, explique la extraña secuencia en la que la cruz en la que acaban de clavar a Jesús permanece suspendida sobre el suelo.

La Venerable María de Ágreda (1602-1665), una religiosa española, incluye este sorprendente detalle en sus escritos místicos sobre la vida de María, la Madre de Jesús. La película se apropia unos detalles pintorescos de sus obras así como de las meditaciones de la Venerable Anne Catherine Emerich (1774-1824) sobre la Pasión de Cristo. Las visiones de estas dos religiosas tienen más valor simbólico que literal. Aunque la Iglesia católica nunca ha afirmado su origen sobrenatural, ha permitido su publicación. Estos escritos han inspirado durante siglos una auténtica fidelidad a las verdades de la fe.

85) ¿Se produjo la muerte de Jesús con mayor rapidez de lo normal para una crucifixión?

Eso parece. La Biblia afirma que Jesús permaneció en la cruz durante tres horas antes de morir. Según *Mateo* 27, 45-46 murió en un período de tiempo relativamente corto, teniendo en cuenta que muchos tardaban días en fallecer. Acredita este hecho la creencia en que su flagelación, más cruel que lo habitual, precipitó su muerte.

86) ¿Cuáles eran las palabras escritas en el letrero clavado sobre la cabeza de Jesús?

En el letrero colocado en la cruz por orden de Poncio Pilato y escrito en hebreo y en griego, se lee: «Jesús de Nazareth, Rey de los judíos» (ver *Jn* 19, 19-20). En los crucifijos aparecen generalmente las letras INRI, una abreviatura del latín *Iesus Nazarenus, Rex Iudeorum*. Aunque no aparece en la película, la Biblia nos relata que los líderes judíos acudieron a Pilato y le pidieron que cambiara la inscripción por: *Este hombre dijo*, «Yo soy el Rey de los Judíos» (*Jn* 19, 21). Pero Pilato los despidió diciendo «Lo que he escrito, he escrito» (*Jn* 19, 22). La Iglesia de la Santa Cruz en Roma alberga varias reliquias de la Pasión entre las que se incluye lo que parece ser un fragmento de este escrito.

87) ¿Qué significado tienen las simbólicas palabras de Jesús en la Cruz, «*Eloi, Eloi, lama sabachtani*»?

Son unas palabras arameas que significan «Dios mío, Dios mío, ¿por qué me has desamparado?». Desde lo más profundo de su naturaleza humana, Jesús, en medio de su angustia, llama a su Padre. Hay quien ha malinterpretado estas palabras afirmando que Jesús estaba desesperado y que no esperaba la crucifixión. Aquí hemos de ser muy cuidadosos para no caer en una errónea conclusión sobre Jesús, es decir, que no es Dios o que es menor que Dios. Es esta una interpretación equivocada de sus palabras de abandono. Jesús, como Persona divina, conocía el plan de salvación desde toda la eternidad, pues posee la misma naturaleza que el Padre y el Espíritu Santo.

Lo que se percibe en este caso es la auténtica humanidad de Jesús. No se comportaba exactamente como nosotros, pero sentía lo mismo que nosotros. El dolor que experimentó en la cruz no fue solamente físico, sino profundamente espiritual, ya que había tomado sobre sí el peso de todos los pecados humanos pasados, presentes y futuros.

Aunque experimentara en la cruz una gran desolación emocional, así como un padecimiento físico, las palabras «Dios mío, Dios mío, ¿por qué me has abandonado?» son en realidad las primeras del *Salmo* 22. Jesús indica aquí el hecho de que lo que le está sucediendo es el cumplimiento del Salmo profético que predice la perforación de sus manos y pies y el reparto de sus vestiduras. El Salmo termina con una afirmación confiada y triunfante de su definitiva justificación por parte de Dios.

88) ¿Nos transmite la película todo lo que dijo Jesús desde la cruz?

No; *La Pasión de Cristo* no incluye todas sus palabras*.

89) ¿Por qué en la película aparece un *flashback* en el que Jesús ofrece el vino en la Última Cena mientras su sangre gotea hasta el pie de la cruz?

Cuando Jesús alzó el cáliz en la Última Cena, dijo: «Bebed todos de él, pues esta es mi sangre de la Nueva Alianza, que es derramada por muchos para remisión de los pecados» (*Mt* 26, 28). Este derramamiento de la sangre de Jesús en la cruz constituye el sacrificio necesario para la expiación de todos los pecados de la humanidad. Por el mandato de Jesús, «Haced esto en memoria mía», la Eucaristía se celebra diariamente en cada altar de cada iglesia católica de todo el mundo, así como en la liturgia de la Iglesia Ortodoxa.

90) ¿Fue realmente insultado Jesús por uno de los criminales crucificados junto a Él, o se trata de un efecto dramático de la película?

---

* Para conocer las siete últimas «palabras» ver el Apéndice C–Las Siete Palabras de Cristo.

La Biblia relata que uno de los hombres le dijo: «¿Acaso no eres tú el Cristo? ¡Sálvate a ti mismo y a nosotros!» (*Lc* 23, 39). La tradición atribuye al otro hombre crucificado –«el buen ladrón»– el nombre de Dimas, quien responde a las palabras del primer criminal diciendo: «¿Ni siquiera tú, que estás en el mismo suplicio, temes a Dios? Nosotros, en verdad, estamos justamente, porque recibimos lo merecido por nuestras obras; pero este (Jesús) nada malo ha hecho... Jesús, acuérdate de mí cuando llegues a tu reino» (*Lc* 23, 40-42). Entonces Jesús responde a Dimas con estas palabras: «Te lo aseguro: hoy estarás conmigo en el Paraíso» (*Lc* 23, 43). El perdón a Dimas infunde en todos los cristianos la esperanza en el poder salvífico de la fe. Confiando en Jesús ¡incluso en el momento de la muerte es posible pedir y alcanzar el perdón de los pecados!

91) Si era realmente Dios, ¿por qué no realizó Jesús otro milagro y bajó de la cruz? ¡Seguramente eso habría convertido en creyentes a sus enemigos!

No necesariamente. Jesús había resucitado recientemente a Lázaro, que llevaba cuatro días en el sepulcro, ante un público numeroso (ver *Jn* 11). Había sanado a un ciego en medio de Jerusalén (*Jn* 9). Los enemigos de Cristo respondieron llamando mentiroso al ciego y expulsándole de la sinagoga. Es patente que los hechos espectaculares no siempre inspiran fe. Ver no siempre significa creer. Pero, volviendo a este punto, si Jesús *hubiera* bajado de la cruz habría anulado la auténtica razón de su venida al mundo para librarnos del pecado y hacernos posible la vida eterna. Era preciso que permaneciera en la cruz hasta la muerte con objeto de ofrecer el sacrificio expiatorio necesario para reconciliarnos con Dios y romper nuestra esclavitud del pecado.

92) ¿Qué significan las últimas palabras de Jesús a su Madre y al apóstol Juan?

Al decir, «Mujer, ahí tienes a tu hijo», y a Juan (el «discípulo amado» como le llama el Evangelio) «ahí tienes a tu madre» (*Jn* 19, 26-27), Jesús constituye a su madre, María, madre espiritual de todos los cristianos. A través de la Biblia y de la Tradición sabemos que Juan no era el hijo de María por nacimiento, así que las palabras de Jesús no se pueden tomar literalmente. El evangelista Juan describe el incidente porque desea vernos allí, en su mismo lugar. María, madre de Jesús, *nos* ha sido dada como madre *nuestra**.

---

* Para información adicional sobre cuestiones teológicas relativos a María, ver la Segunda parte.

93) ¿Por qué Jesús dice «Todo está consumado» mientras continúa en la cruz?

Esta es otra importante coincidencia con el desarrollo de la Pascua judía. Durante el ritual se bebían cuatro copas de vino. Curiosamente, los evangelistas solo muestras a Jesús bebiendo de tres. Después, dice a sus discípulos: «Os digo que a partir de ahora ya no beberé del fruto de la vid hasta que llegue el reino de Dios» (*Lc* 22, 18). A continuación, salen hacia Getsemaní, dejando inacabada la liturgia pascual. Jesús es detenido, se inicia el drama de la Pasión y, cuando va a ser crucificado, le ofrecen vino mezclado con hiel, que rechaza. Por último, cuando se acerca el momento de la muerte de Jesús, se produce un hecho realmente significativo: «después de esto, sabiendo Jesús que todo se había consumado, para que se cumpliera la Escritura, dijo: "Tengo sed". Había allí un vaso lleno de vinagre; y atando a una rama de hisopo una esponja empapada en él, se la acercaron a la boca. Cuando Jesús tomó el vinagre, dijo: "Todo está consumado", e inclinando la cabeza, entregó su espíritu» (*Jn* 19, 28-30). En resumen, Jesús no dio por terminada la Pascua judía con la Última Cena. La terminó muriendo en la cruz y «entregándonos su espíritu», el espíritu que ahora nos otorga en el Bautismo.

94) ¿A qué se debieron la oscuridad, el temblor de tierra y la rotura de las rocas tras la muerte de Jesús?

Es la expresión de la magnitud de lo que acababa de ocurrir: la muerte del Dios-Hombre. No son unos meros añadidos dramáticos a la película. Las tinieblas y el temblor de tierra aparecen descritos en el Nuevo Testamento (ver *Mt* 27, 45. 54). Por otra parte, el profeta Amós habla en el Antiguo Testamento de la oscuridad y del temblor de tierra: «¿No ha de estremecerse por esto la tierra?... Aquel día, dice el Señor Yahvé, haré que se ponga el sol a mediodía y en pleno día tenderé tinieblas sobre la tierra» (*Am* 8, 8-9).

95) ¿Qué sucedió en el Templo para que los judíos se sintieran tan sobrecogidos?

El velo del Templo se rasgó en dos de arriba abajo descubriendo al «Santo de los Santos», en el que moraba la presencia de Dios y al que solo tenía acceso el Sumo Sacerdote una vez al año, el día del *Yom Kippur* (día de la Expiación). Con la muerte de Cristo, el Verdadero Sumo Sacerdote y la Verdadera Ofrenda, da fin la separación entre el hombre y Dios. Ahora podemos acercarnos a Él sin temor y unirnos a Él por medio de la gracia.

96) ¿Por qué reacciona el demonio de un modo tan enloquecido ante la muerte de Cristo en la cruz?

El demonio, en el aterrador aislamiento que describe esta escena, expresa su rabia y su tormento ante su derrota. Su predicción en el Huerto de la imposibilidad de que un solo hombre «soportara toda la carga del pecado» resultó ser falsa: realmente Jesús fue capaz de conseguirlo por medio de su Pasión y por llevar a cabo su misión redentora. En el Calvario, el demonio fue completamente derrotado.

97) Parece ser que se produjo la conversión de un soldado romano. ¿Qué sabemos de él?

La escritura nos relata que uno de los soldados presentes en la crucifixión se sintió tan conmovido por el modo en que había muerto Jesús que afirmó: «¡Verdaderamente este hombre era justo!». Otro evangelista dice que exclamó: «¡Verdaderamente este era el Hijo de Dios!». La tradición católica afirma que este soldado se hizo cristiano. El libro y la película *La túnica* presenta a este soldado como el ganador a los dados de la túnica de Jesús.

98) Hacia el final de la película, el desga-

rrador lamento de María al pie de la cruz mirando directamente hacia nosotros mientras sostiene a su Hijo muerto es conmovedor. ¿Qué significa?

Podemos afirmar que esta escena, por su belleza y emoción, es el equivalente cinematográfico de la «Pietà» de Miguel Ángel. A través de la amorosa y dolorida mirada de María, se insiste en la idea de que, aunque fueron nuestros pecados los que mataron a su Hijo, su muerte ha devuelto la esperanza a la humanidad.

99) La película acaba con la Resurrección. ¿Creen realmente los cristianos que Jesús resucitó de entre los muertos?

Sí, lo creemos. La Resurrección es uno de los dogmas más importantes de la fe católica. En su primera carta a los corintios, San Pablo lo afirma elocuentemente: «Si Cristo no ha resucitado (de entre los muertos), vana es nuestra predicación y vana también nuestra fe» (*1 Co* 15, 14). Únicamente por medio de su Resurrección, Jesús vence al poder de la muerte y nos infunde la esperanza de la resurrección de nuestros cuerpos. La esperanza en la vida eterna se apoya en nuestra creencia en la Resurrección de Cristo.

100) ¿Qué sucede después de que Jesús sale del sepulcro?

¡Lee los Evangelios y los Hechos de los Apóstoles y lo sabrás!

SEGUNDA PARTE

La defensa de Cristo

Vivimos en una sociedad pluralista en la que la amplia variedad de expresiones religiosas es la norma. En una sociedad así, muchos creen que todos los caminos llevan a Dios; que una religión es tan buena como otra. Esto sería cierto si todos los «caminos» hubiesen sido creados por el hombre. Y, si todas las religiones *fuesen* creadas por los hombres, sería soberbio afirmar que un sendero es más verdadero que otro. ¿Pero, y si ese sendero en concreto no fuese tan solo de origen humano? ¿Y si un sendero nos *fuese* dado directamente por Dios?

Tanto la historia, como la Palabra de Dios –la Biblia y la Sagrada Tradición– han revelado que una persona entre todas las demás fue única. Se llamaba Jesucristo. La principal diferencia entre Jesús y, por ejemplo, Buda, Mahoma o Confucio, es que ellos nunca afirmaron o demostraron ser divinos. A través de lo que predicaba y de sus milagros, Jesús demostró que Él era en realidad el Mesías, la eterna Palabra de Dios que, en un momento específico de la historia humana, se hizo carne y habitó entre nosotros.

Las figuras religiosas más conocidas (como Buda, Mahoma o Confucio) proclamaron la verdad de muchas maneras reales –pero parciales–. Incluso alguno de ellos, no todos, proclamó la verdad de que hay un único Dios. Para resumir, no es lo mismo *hablar* acerca de Dios. Muchas personas importantes y buenas lo han hecho durante todos los tiempos. Jesús, sin embargo, es distinto; Él *afirmó ser Dios*.

Esa es una afirmación de la que hemos de ocuparnos. No podemos ignorarla sin más. Esta es la razón por la que la pregunta central de los Evangelios es la pregunta que el mismo Jesús hizo a sus discípulos: «¿Quién decís que soy?». La defensa de Cristo se apoya en las diversas afirmaciones que la gente ha realizado como respuesta a esa pregunta. Ya que solo hay **cinco posibilidades:**

Jesús fue:

1) **Una leyenda: es decir, jamás existió en realidad; el Nuevo Testamento no es más que una fábula.**

2) Un mentiroso: de hecho, Él nunca quiso decir las cosas que dijo. Tan solo intentaba jugar una mala pasada a la gente para su propio beneficio.
3) Un lunático: es decir, sus afirmaciones de ser Dios eran simplemente la fanfarronería de una mente loca.
4) Un *hippy* del *New Age*: es decir, intentaba decirnos que todos nosotros somos dioses.
5) El Señor: Él fue quien afirmaba ser: el Hijo de Dios, Dios encarnado.

Ahora, examinemos cada una de estas posibilidades:

1) JESÚS NO FUE MÁS QUE **UNA LEYENDA.**

El problema de llamar a Jesús «leyenda» es que ningún historiador de confianza del mundo diría que Jesús jamás existió. Sabemos cuándo se escribieron los documentos del Nuevo Testamento. Según hemos comentado antes, la mayor parte del Nuevo Testamento se escribió cuando los testigos presenciales de los sucesos de la vida, de la muerte y de la resurrección de Jesús aún estaban vivos. Y lo que hace fiables, no solo a los autores, sino también a las personas que conservaron sus escritos a través de los siglos, es el poco interés que parecen haber tenido en «ajustar» la historia real para crear una leyenda.

Piénsalo: Si los apóstoles eran solo entusiastas que se emocionaron y confundieron a su rabí con Dios, entonces, ¿por qué los relatos del Evangelio muestran a los discípulos como torpes en el entendimiento de su mensaje y al depositar su fe en Él?

Está claro que no estamos considerando a lumbreras de la teología, ni a completos histéricos espirituales. De hecho, los documentos de la Biblia dibujan continuamente una imagen de los apóstoles como hombres algo torpes, bastante ambiciosos, y cobardes que abandonaron a su persona amada en el momento de su mayor crisis (cfr. *Mt* 14, 50). Es bastante improbable que estos hombres «diesen bombo» a la historia de Jesús para su propio beneficio. Piénsalo: Si quisieses empezar un nuevo movimiento religioso propio –pregonando las maravillas de tu líder– ¿de veras lo mostrarías de un modo negativo?

Es posible que unos seguidores que intentasen bruñir el relato histórico y tratasen de convertir a un mero rabí humano en un dios, no conservarían cuidadosamente las últimas palabras de Cristo: «Dios mío, Dios mío, ¿por qué me has abandonado?» (*Mt* 27, 46; *Mc* 15, 34). Ni permitirían que las tijeras censoras se perdiesen citas como las de «Jesús le dijo: ¿Por qué me llamas bueno? Nadie es bueno sino solo Dios» (*Mc* 10, 18); «Y no pudo hacer allí ningún milagro, fuera de que a algunos pocos dolientes les impuso las manos y los curó» (*Mc* 6, 5); y «¿Quién me ha tocado?» (*Lc* 8, 45). A primera vista estas citas parecen testimoniar la imperfección de Jesús, su debilidad y su ignorancia –no es lo que uno quiere cuando se está inventando un dios–.

Así que, si las personas que escribieron (y conservaron) los Evangelios no eran maníacos religiosos, ni cultistas, ni embusteros que esquivaban los hechos, ni revisionistas históricos, ¿qué eran? ¿Qué te parece «hombres honrados»? Y estos hombres honrados nos cuentan algo asombroso: Jesús afirmó ser Dios.

2) JESÚS FUE **UN EMBUSTERO.**

De acuerdo, entonces, quizá los apóstoles dijeron lo que creían ser verdadero. ¿No es aún posible que Jesús fuese aquí el embustero? Quizá no era más que un astuto mercachifle empeñado en venderse a sí mismo ante la multitud por los motivos habituales del poder y del dinero.

El problema está en que Jesús no hace las cosas que harían un embustero o un oportunista. Huye al desierto cuando el pueblo intenta hacerle rey (*Jn* 6, 15). Después dice palabras (véase *Jn* 6, 25-60) que ofenderían a todos, excepto a sus seguidores populares más incondicionales. De manera repetida oculta sus milagros (*Mc* 5, 43; 7, 36; *Lc* 5, 14). Se codea con ladrones, borrachos y leprosos. Se rodea de personas vulgares que tendrían un aspecto horrible en folletos electorales. Ignora al presidente de la Cámara de Comercio de Cafarnaum y, sin disculparse, saluda amistosamente a una prostituta del lugar que arruinó aquella fiesta exclusiva sin haber sido invitada (*Lc* 7, 36-50). Ese no es el modo de ganarse favores políticos. Ni tiene sentido el esfuerzo con el que se aseguró de que los líderes romanos y judíos, que le tenían la menor de las estimas –y tenían poder para hacer algo con ese asunto– encontrasen cantidad de razones (y oportunidades) para verle muerto.

Tales «meteduras de pata» políticas le caracterizaron durante toda su carrera política. Con regularidad se ganaba la antipatía de los hombres más poderosos de su época, tanto judíos como romanos:

De nuevo el pontífice le preguntó y dijo: ¿Eres tú el Mesías, el hijo del Bendito? Jesús dijo: Yo soy (*Mc* 14, 61-62).

Le preguntó Pilato: ¿Eres tú el rey de los judíos? Y Jesús le respondió, diciendo: Tú lo has dicho (*Mc* 15, 2).

No era un hombre que buscase evasivas acerca de lo que es «ser». Al contrario, cuando estaba siendo juzgado por su vida, en dos ocasiones dijo lo que le aseguraría absolutamente una muerte ignominiosa y horrible. Si lo que buscaba era el poder mundano, tenía un modo extraño de demostrarlo.

3) JESÚS FUE **UN LUNÁTICO.**

Bien, entonces, ¿quizá es que Jesús estaba simplemente loco?

Considera el Sermón del Monte en San Mateo, capítulos 5 al 7. ¿Te parecen estos los desvaríos de un lunático? Lee de nuevo la respuesta hábil que dio a las personas que le querían cazar en sus propias palabras (*Mc* 12, 13-17). Observa la brillantez y la sutileza de su respuesta a los que querían apedrear a la mujer sorprendida en adulterio (*Jn* 8, 1-11). Tal inteligencia apenas sirve como prueba de locura. No es de extrañar que quienes intentaban hacerle trampas se viesen «maravillados de su respuesta, (y) callaron» (*Lc* 20, 26). Su lucidez, su sentido de la perspectiva, de la ironía y del humor no indican locura, sino una enorme cordura. Ni siquiera parece locura la decisión de hierro con que asume su destino. Jamás tenemos la impresión de que Él *desee* la muerte; al contrario, cree que está obligado por Dios, el Padre, a superar a la muerte dando su vida «para redención de todos» (*1 Tm* 2, 6).

4) Jesús fue un *hippy* del *New Age*.

Bien, sí, dirán algunos, Jesús *afirmó* ser Dios. Pero Él lo decía de una manera oriental o a la manera del *New Age*. Tan solo afirmaba su «conciencia de Dios» en un intento por despertar esta misma conciencia en todos nosotros. En resumen, fue un gurú para el pueblo judío. Cuando dice que Él es el Hijo de Dios, quiere decir que todos nosotros somos hijos de Dios y, de hecho, seríamos Dios en nosotros mismos si al menos fuésemos capaces de comprenderlo.

Es un pensamiento interesante, pero no es lo que Jesús dijo. Al contrario, afirma que Dios es el *Señor* del cielo y de la tierra, no que Él *sea* el cielo y la tierra. De hecho, Él no habla de Dios como idéntico a la Creación; habla de Él en un sentido completamente judío como el Creador Trascendental, Juez y Padre (*Mt* 19, 4; 6, 14-15). No dice a sus discípulos que ellos sean partes de

Dios; les dice claramente que son pecadores que necesitan la salvación, que, aparte de Él solo, son incapaces de lograr su salvación ni ninguna otra cosa (*Jn* 15, 5). Lejos de afirmar que Él está bien y nosotros estamos bien, con frecuencia nos dice que somos malos, pero Él está sin pecado; nosotros somos de abajo, pero Él es de arriba (*Jn* 8, 1-11; 8, 23). Insiste en que el camino para la vida no se consigue descubriendo nuestra divinidad, sino poniendo nuestra fe exclusivamente en Él.

Muy bien, entonces, si los relatos son fiables y nos muestran claramente a un hombre que no es ni simplemente agradable, ni un mentiroso, ni loco, ni un gurú del *New Age*. Aún así se pone frente a nosotros preguntando de manera implacable: «¿Quién decís que soy?» (*Mt* 16, 15). Y al hacerlo con una voz de lo más insistente, comenzamos a entender la lógica de C. S. Lewis de que ... es enorme la dificultad histórica de ofrecer alguna explicación a la vida, las palabras y la influencia de Jesús que no sea más difícil que la explicación cristiana. La discrepancia entre la profundidad y la cordura y (permítanme añadir) la inteligencia de su enseñanza moral y la rampante megalomanía que deben yacer detrás de su enseñanza teológica a menos que Él sea Dios en realidad, jamás ha sido superada de manera satisfactoria (C. S. Lewis, *Los Milagros*).

Lo que nos lleva a una única conclusión:

5) Jesús es el **Señor.**

Al considerar todas las pruebas, sólo hay una única posibilidad que realmente nos satisfaga: Jesús es quien Él dice que es. Él es Dios hecho carne. Él es el eterno Hijo de Dios, el Mesías, enviado a salvar al mundo de sus pecados. Él es realmente el Señor del Universo, que vino a darnos la vida eterna. Él, real y verdaderamente, derramó su sangre por nosotros en la Cruz y Él, real y verdaderamente, resucitó de entre los muertos y subió a los cielos. Ahora Él nos ofrece las riquezas de su amor, de su misericordia, de su alegría, de su poder y de su paz por el don del Espíritu Santo, y la vida eterna con su Padre a través de los sacramentos de su Iglesia, que es su cuerpo.

* * *

Por favor, considera el rezo de la siguiente oración como paso siguiente. Después de rezar esta oración, ve a una iglesia católica y reza enfrente del tabernáculo que contiene la Eucaristía. Asiste a Misa, tanto los domingos como, si es posible, incluso a diario. Ponte en contacto con la parroquia católica de tu zona y pide una cita con un sacerdote. Te ofrecerá los consejos para progresar en tu vida espiritual.

Oración para seguir a Jesús

Jesús, creo que eres el único Hijo concebido de Dios.

Creo que, como el Hijo Encarnado de Dios, me puedes guiar de un modo que honre a tu Padre y me enseñe a caminar en tu Camino como tu discípulo.

Te pido que vengas a mi corazón y que me guíes hacia la plenitud de las riquezas de tu Espíritu en la herencia de tus santos. Te acepto como el Mesías y quiero honrarte como Señor. Ayúdame a encontrarte ahí donde se te pueda encontrar, en la Casa de tu Padre, el templo que es la Iglesia, el Cuerpo de Cristo. Ayúdame a encontrar respuestas a las preguntas que aún tengo, a seguirte con fe y con confianza, y a no dejar que nada me distraiga de perseverar en la fe y en la obediencia hacia ti.

Por favor, muéstrame el camino a la verdadera paz, al amor y a la felicidad.

Amén.

TERCERA PARTE

Y LA HISTORIA CONTINÚA

Durante los últimos años de su vida, un grupo de seguidores viajaron con Jesús mientras seguía su camino por Galilea y Judea, curando y enseñando. De entre estos discípulos escogió a doce como sus apóstoles (que quiere decir «los enviados»). De entre estos líderes eligió todavía a uno de ellos. Jesús cambió su nombre de Simón a Pedro, que quiere decir «piedra», y declaró que sobre esta «piedra» construiría su Iglesia (véase *Mt* 16, 18).

Los apóstoles vivieron con Jesús durante tres años, oyeron sus enseñanzas y fueron testigos de sus milagros. Aún así, cuando Jesús fue arrestado, todos, excepto uno, huyeron de miedo. Incluso la «piedra», Pedro, le negó.

Sorprendentemente, al principio, la resurrección de Jesús no pareció cambiarles mucho. Los once apóstoles que quedaron rechazaban los primeros testimonios como historias sin fuerza. El apóstol Tomás se negó a creer hasta que no hubo puesto sus dedos en las llagas de Cristo resucitado.

Pero finalmente Jesús se les apareció a todos ellos y les dio instrucciones para que predicasen acerca de Él por todo el mundo. Aunque primero tenían que esperar en Jerusalén a lo que Jesús llamó «la promesa del Padre» (*Hch* 1, 4).

Nueve días después de la Ascensión de Jesús al Cielo, los apóstoles, María, la madre de Jesús, y cerca de otras cien personas descubrieron lo que Jesús quería decir. Era la fiesta judía de Pentecostés, y el poder del Espíritu Santo les llenó de una manera tan profunda que nunca volverían a ser los mismos. Ellos, que antes estaban temerosos y vacilantes, se tornaron entonces valientes, jubilosos e incluso eufóricos. Salieron a las calles, repletas de peregrinos de todos los rincones del mundo conocido. Los apóstoles se pusieron frente a ellos, y con Pedro como su portavoz, sin miedo dieron testimonio de la resurrección de Cristo. Miles de personas oyeron su proclamación, cada uno en su propia lengua materna, y tres mil personas, por medio de las aguas del bautismo, entraron en esta nueva comunidad de perdón, alegría y libertad. Fue todo lo opuesto a la Torre de Babel (*Gn* 11). Los distintos idiomas, que en su origen fueron signo de la división que el pecado había causado, fueron entonces un signo de que Dios estaba uniendo de nuevo a la familia humana fragmentada.

Este día, Pentecostés, fue el verdadero nacimiento de la Iglesia y demostró el significado real de la muerte y resurrección de Jesús. La salvación del pecado no significa tan solo que las ofensas se borren de las actas de Dios. El pecado nos hiere profundamente, nos ata y nos debilita, cortando la línea de vida que hay entre nosotros y nuestra fuente de energía divina y rompiendo nuestras relaciones con otras personas. Jesús murió para volver a conectarnos con Dios, haciendo posible una relación íntima con Él como nuestro Padre cariñoso. Todos los que le aman se convierten en nuestros hermanos y hermanas, y el poder de su amor misericordioso y curativo, al que las Escrituras llaman «gracia», se pone a nuestro alcance a través del Espíritu Santo para hacernos hombres y mujeres nuevos, a semejanza de nuestro hermano mayor, Jesús.

Desde su mismo nacimiento, la Iglesia ha sido *católica* (de la palabra griega que significa «universal» o «totalidad»). Aunque esta palabra exacta no aparece en el Nuevo Testamento, el concepto está en todas partes. Esta nueva comunidad fundada sobre Pedro, la Piedra, no es ningún culto exótico, ni ningún club exclusivo para santos. Es más bien la familia de Dios, donde todos somos bienvenidos como miembros, sin tener en cuenta la raza o el color, los defectos ni las faltas. La Iglesia es, pues, un «hospital para pecadores», en el que todos podemos experimentar la gracia curativa y transformadora de Dios y convertirnos en las personas que Dios pretende que seamos.

Pero la presencia de la gracia de Dios no significó que todos se volviesen perfectos de manera instantánea. Algunos cristianos siguieron pecando gravemente, y otros entraron en graves disputas. Fueron los apóstoles, congregados en torno a Pedro, quienes compusieron estas disputas y mantuvieron la disciplina en la familia, preservando su unidad y su integridad.

Pedro y los apóstoles también fueron responsables de fortalecer a la familia (*Jn* 21, 15-19) de manera que los pecadores pudieran llegar a ser santos. Una de las formas en que lo hicieron fue transmitiendo al pueblo las palabras y los hechos de Jesús, incluida la historia de su muerte y resurrección y explicándoles las consecuencias que tendría en su estilo de vida.

Otra forma de hacerlo fue presidiendo los sacramentos –los modos tangibles en que los discípulos fueron tocados por la gracia transformadora de Jesús–. El Bautismo, la Confirmación, la Unción de los enfermos, la Penitencia, el Matrimonio y la Orden sacerdotal son todos ellos signos visibles instituidos por Cristo, a través de los cuales el poder de Pentecostés puede fluir en nuestras vidas. La Eucaristía, la conmemoración de la Última Cena, ha sido el centro de la vida cristiana desde sus primeros días. Al partir el pan (*Hch* 2, 42), los apóstoles alimentaron a la Iglesia con el Cuerpo de Cristo, el pan de la vida (*Jn* 6, 48-59). Con la Orden sacerdotal, los apóstoles ordenaron ayudantes (*Hch* 14, 23) y posteriores sucesores para continuar con el trabajo de fortalecer a la familia, de mantenerla unida y en la fe a «toda» la verdad (católica). A los sucesores de los apóstoles se les conocía como *episkopoi* («inspectores»), *obispos*, en castellano (*Flp* 1, 1). El obispo de Roma, donde murió Pedro, tuvo un papel especial como sucesor de Pedro. Como padre de los cristianos en Roma, y en un sentido más amplio, en todo el mundo, se le conoció como el *papa* («padre») de la familia: –el Papa.

Algunas de las verdades acerca de Jesús, según las predicaron los apóstoles, acabaron siendo escritas por algunos de estos apóstoles y por sus seguidores. En el siglo segundo d. C., se llegó a reconocer que estos escritos, recogidos y conservados por la Iglesia, fueron inspirados por el Espíritu Santo. Ahora los llamamos Nuevo Testamento. Pero estos escritos breves nunca pretendieron comunicar todo lo que los apóstoles aprendieron de Jesús en los tres años que vivieron con Él. Muchas de las verdades se transmitieron de palabra, por el ejemplo, y por la experiencia vivida, y se las conoce como la Sagrada Tradición (*2 Ts* 2, 15).

Así que, esta comunidad –encabezada por los sucesores de Pedro y de los apóstoles– fortalecida por las Escrituras, por la Tradición y por los Sacramentos, creció y se propagó por el Imperio pagano de Roma y más allá. La fuerza brutal de la tiranía de Roma no pudo detener el amor de Jesús, ni pudo detener la propagación de ese amor por su Iglesia. Después de trescientos años de persecución intermitente y sangrienta, hasta el emperador romano Constantino confesó finalmente que Jesús era su Señor.

En el curso de los siguientes siglos surgieron disputas acerca de lo que Jesús y los apóstoles enseñaban en realidad. De acuerdo con el modelo del Nuevo Testamento (*Hch* 15, 6-29), los sucesores de los apóstoles, en comunión con el sucesor de Pedro, se congregaron repetidamente en concilios ecuménicos (universales) para establecer estas cuestiones de manera decisiva. Al rechazar la aceptación de esta autoridad apostólica, muchos grupos se salieron de la Iglesia Católica. Optaron por una selección parcial de la verdad (*herejía* proviene de la palabra griega «elección») en vez de mantenerse fieles a la plenitud. El resultado ha sido el debilitamiento del testimonio cristiano y una fragmentación que evoca a Babel. No somos responsables de los cismas del pasado. Pero somos responsables de dar testimonio de la plenitud de su verdad unidos con una voz indivisa.

La plenitud de la verdad. La plenitud de la vida. La plenitud de los métodos de la gracia. Esto es lo que significa Católico. Esto es lo que necesitamos; de hecho, esto es lo que el mundo necesita.

¿Pero, qué hay de las atrocidades cometidas por los católicos en las Cruzadas, de los papas del Renacimiento con hijos ilegítimos, de los sacerdotes católicos culpables de abusos sexuales? No hace falta que intentemos negar las faltas de diversos miembros de la Iglesia, ni siquiera las de sus líderes. El Nuevo Testamento no intentó ocultar la traición de Judas, ni la negación de Pedro. Después de todo, la Iglesia es un hospital para pecadores.

¿Pero no es destacable que después de 2.000 años en los que miembros imperfectos, guiados por personas imperfectas, la Iglesia católica no solo sobreviva, sino que incluso prospere? Con más de mil millones de miembros, es el grupo religioso más grande del mundo. La gracia de Dios ha sostenido a la Iglesia, y Dios ha prometido hacerlo hasta el final de los tiempos (véase *Mt* 28, 20).

Hay algo aún más destacable. En todas las épocas ha habido pecadores que han entrado a este hospital y se han convertido en santos por el poder transformador de Pentecostés: Pedro, la Piedra que se acobardó; Pablo, el asesino que se convertiría en mártir, hasta la Madre Teresa de Calcuta, cuyo amor implacable tocó el mismísimo corazón del siglo XX–.

¿Y qué hay de ti? Jesús vino para que tuvieses vida y la tuvieses abundante (*Jn* 10, 10). ¿Por qué conformarse con menos?

CUARTA PARTE

Quo Vadis? (¿Dónde vas?)

Cuenta la leyenda que en años posteriores, san Pedro, él líder de los apóstoles, que por aquel entonces era el primer obispo de Roma, huyó de la ciudad para escapar a la persecución de los cristianos que allí estaba aconteciendo. En el camino se encontró con Jesús, que venía en la dirección contraria. Pedro preguntó a Jesús: «*Quo vadis?* [¿Dónde vas?]».

Jesús le contestó que iba a Roma a morir de nuevo por su pueblo. Escarmentado, Pedro se volvió inmediatamente y se dirigió de vuelta a Roma.

Ahora hemos llegado a un cruce de caminos similar, a un momento de decisión o de dilación, de acción o de inacción, en el que has de escoger si obras acorde con lo que sabes que es verdad acerca de Jesús. Esta decisión no es nada insignificante, sino algo de gran importancia. Este es el momento de considerarlo seriamente y de responder a su llamada –el momento de seguirle–.

¿Qué puedes hacer para responder a lo que Jesús ha hecho por ti? Aquí tienes *tres recomendaciones*:

1. Compra una Biblia y comienza a leer los Evangelios. Sin embargo, recuerda que aunque la Biblia contenga una verdad eterna, capaz de cambiar tu vida, no es siempre un libro fácil de entender. San Pedro lo hizo constar cuando dijo que algunos pueden «pervertir [las Escrituras] para su propia perdición» (*2 P* 3, 16). Por tanto, es necesario tener cuidado.

No es lo mismo romper una ley humana. Es mucho peor confundir una de las enseñanzas de Dios –que podría tener consecuencias eternas–. Necesitamos seguir el ejemplo del eunuco etíope, que comprendió que necesitaba un maestro cuando dijo: «¿Cómo voy a entenderlo si alguno no me guía?» (*Hch* 8, 31). Lo que nos lleva a la siguiente recomendación.

2. Si no eres católico, **busca una Iglesia Católica** en tu zona y reúnete con un sacerdote. Jesús ha conferido a la Iglesia Católica la autoridad para enseñar en su nombre. Al seguir a la Iglesia que Jesús estableció, puedes estar seguro de que estás trabajando con ahínco por la fe apostólica –la fe a la que se le han dado los dones de los sacramentos, el liderazgo que la divinidad le ha otorgado, y la

promesa de mantenerse fiel hasta el final de los tiempos–.

Mientras haya ocasiones en las que los individuos de la Iglesia caigan en el error y en el pecado, necesitamos tener presente que la Iglesia es divina y humana a la vez. Sin embargo, la Iglesia no enseñará en ningún momento nada que no sea la verdad, porque está protegida por el Espíritu Santo. Dios le ha ordenado estar ahí –con el Evangelio totalmente intacto– hasta el final de los tiempos.

Si eras católico antes, reúnete con un sacerdote para reconciliarte con la Iglesia a través del sacramento de la Penitencia. La confesión, aunque a algunos les dé algo de miedo, es liberadora. Tu confesión está protegida por el secreto de confesión, lo que significa que un sacerdote jamás puede revelar lo que ha oído. El confesonario es, sencillamente, el mejor lugar, y el más seguro, de la tierra para pedir el perdón de Dios.

3. Después de un período de oración, de estudio y de frecuentar los sacramentos, sé activo en la fe. Un católico creyente es un católico activo –a través de los trabajos apostólicos y de una vida de oración por el resto de la Iglesia–. Tu nueva vida de fe será un viaje fantástico. Estate seguro de contar con el apoyo de la oración de tus compañeros

miembros de la Iglesia. Aunque nunca llegues a conocer a los humildes sacerdotes, a las hermanas, a los hermanos, y a los católicos laicos dedicados a la oración, has de saber que están ahí rezando por ti.

APÉNDICES

A. MISTERIOS DOLOROSOS DEL ROSARIO*

La meditación acerca de estos cinco misterios se realiza tradicionalmente los martes y los viernes. Estos misterios conmemoran cinco de los momentos clave de la Pasión de Cristo con su profundo sufrimiento en el Huerto de Getsemaní, siguiendo por dos de las afrentas que sufrió durante su juicio ante Poncio Pilato (la flagelación y la coronación de espinas). El acto de coger la cruz, acabando con su crucifixión. Estos son los acontecimientos fundamentales sobre los que se construye nuestra salvación; nos muestran del modo más profundo que el amor –para que sea auténtico– conlleva sacrificio. Como dijo el mismo Jesús: «Nadie tiene amor mayor que este de dar uno la vida por sus amigos» (*Jn* 15, 13).

---

* Para meditar acerca de los misterios dolorosos, visita la página web www.guiadelapasion.com de Ediciones Palabra

1. La oración de Jesús en el huerto.
2. La flagelación del Señor.
3. La coronación de espinas.
4. Jesús con la Cruz a cuestas camino del Calvario.
5. La crucifixión y muerte de nuestro Señor Jesucristo.

B. Vía Crucis*

Una de las devociones católicas más populares y más tradicionales, las estaciones del Vía Crucis, conmemora los catorce acontecimientos clave de la Pasión de Jesús. El Vía Crucis se ha rezado de una u otra manera durante al menos mil años.

I. El Señor es condenado a muerte.

II. El Señor carga con la Cruz.

III. El señor cae por primera vez bajo la Cruz.

IV. Jesús encuentra a su madre.

V. Jesús es ayudado por Simón de Cirene.

VI. La Verónica enjuga el rostro de Jesús.

VII. Jesús cae por segunda vez bajo la Cruz.

---

* Para meditar acerca de las estaciones del Vía Crucis, visita la página web www.guiadelapasion.com de Ediciones Palabra

VIII. Jesús exhorta a las piadosas mujeres.
IX. Jesús cae por tercera vez.
X. Jesús es despojado de sus vestimentas.
XI. Jesús es clavado a la Cruz.
XII. Jesús muere en la Cruz.
XIII. Jesús es descendido de la Cruz.
XIV. Jesús es colocado en el sepulcro.

C. Las Siete Palabras de Cristo*

Estas siete «palabras» (o dichos) fueron pronunciadas por Jesús durante su agonía en la cruz. Cada una de ellas es rica en simbolismo teológico, brotaron de las profundidades del alma de Cristo para darnos una apreciación profunda del plan de salvación de Dios y de su enorme amor hacia nosotros. Estas palabras fueron tan conmovedoras, que varios de los grandes compositores (Haydn, Franck) las trasladaron a la música. Su poder trascendental ha inspirado a innumerables personas hacia una mayor fe en Dios y a reverenciar el poder salvador de la Cruz.

1. Padre, perdónalos; porque no saben lo que hacen (San Lucas 23, 34).

---

* Para meditar acerca de las Siete Palabras de Cristo, visita la página web www.guiadelapasion.com de Ediciones Palabra

2. En verdad te digo, hoy estarás conmigo en el Paraíso (San Lucas 23, 43).

3. Mujer, he ahí a tu hijo... He ahí a tu Madre (San Juan 19, 26-27).

4. Tengo sed (San Juan 19, 28).

5. Dios mío, Dios mío, ¿por qué me has abandonado? (San Mateo 27, 46; San Marcos 15, 34).

6. Todo está acabado (San Juan 19, 30).

7. Padre, en tus manos entrego mi espíritu (San Lucas 23, 46).

Agradecimientos

Los siguientes autores han contribuido a la elaboración de este libro:

Tom Allen

Dr. Marcellino D'Ambrosio

Matthew Pinto

Mark Shea

Dr. Paul Thigpen

Annamarie Adkins, Sue Allen, Anthony DeBellis, Michael Flickinger, Michael Fontecchio, Joseph Lewis, Michael J. Miller y Lucy Scholand han contribuido en la asistencia editorial y técnica. Tara Williams ha coordinado las relaciones públicas y publicitarias.